Les Astuces de Madame Truc

Paule Vani

LES ASTUCES DE MADAME TRUC

Albin Michel

22, rue Huyghens, 75014 Paris
ISBN 2-226-00562-5

Sommaire

LA CUISINE

Ail

L'ail est certainement l'un des condiments les plus utilisés en cuisine, notamment dans les plats en sauce; mais il n'est pas forcément souhaitable de retrouver les gousses d'ail dans son assiette.

θ› Si vous prenez la précaution de les embrocher sur un cure-dents avant la cuisson, vous n'irez plus à la pêche pour les récupérer au moment de servir.

Artichaut

L'artichaut n'est certes pas une fleur, mais il n'en n'est pas moins vrai que pour le conserver avant de le faire cuire, il faut le traiter comme telle.

θ› Faites tremper la queue de celui-ci dans un verre d'eau qui servira de vase.

Aubergines

Avant de faire frire les aubergines coupées en rondelles, faites tremper celles-ci pendant 3 ou 4 heures dans de l'eau salée. Elles dégorgeront ainsi ce jus noir tellement désagréable en cours de cuisson.

Beignets

Savez-vous qu'une cuillerée à café de levure chimique dans vos pâtes à beignets les rendra plus légères?

Betteraves

Dès que vous sortez la betterave de l'eau bouillante, plongez-la dans de l'eau froide; vous n'aurez plus de difficultés pour l'éplucher.

Beurre

Chacun sait qu'à garder du beurre trop longtemps, on risque de le voir rancir et devenir immangeable. Vous pourrez le récupérer si, après avoir épluché une carotte, vous la plantez dans ce beurre apparemment inutilisable. Laissez agir ainsi pendant 3 ou 4 heures, et égouttez : votre beurre sera de nouveau consommable.

♈

Vous pourrez garder votre beurre frais même si votre réfrigérateur est en panne, en l'enveloppant dans un linge trempé dans de l'eau vinaigrée, puis essoré.

♉

Lorsque vous retirez le beurre de son emballage, il en reste toujours une petite quantité collée au papier. Cela ne se produira plus si, avant d'ouvrir la plaquette, vous la passez sous le robinet d'eau froide. Ainsi, vous ne perdrez plus une miette de beurre.

Prenez l'habitude de mettre un peu de sel fin au fond de la poêle avant d'y faire fondre le beurre ou toute autre matière grasse; vous éviterez les projections en cours de cuisson.

Biscuits

Les biscuits secs ne sont bons que lorsqu'ils sont croustillants et craquants; hélas, une fois le paquet ouvert, ils ramollissent. Deux solutions pour l'éviter :

- Les mettre dans une boîte en fer.

- Les laisser dans leur boîte, mais à condition d'y mettre également un bouchon « antihumidité » qui ferme de nombreux tubes de médicaments.

Si vous n'avez pas pris l'une de ces deux précautions, il vous reste encore une possibilité pour leur redonner leur craquant : les passer quelques minutes dans un four chaud et les laisser refroidir.

Brioches

Vous n'avez pas toujours envie de sortir le matin pour acheter les brioches du petit déjeuner :

- Un truc pour rendre sa fraîcheur à une brioche de la veille : enveloppez-la dans du papier de soie mouillé et mettez-la à chauffer au four quelques instants.

Café

« Café bouillu, café foutu! » Rien n'est plus vrai, mais tout n'est pas perdu pour autant. En effet, si vous avez laissé bouillir votre café, vous pouvez en rattraper le goût en versant dessus, juste au moment de servir, quelques gouttes d'eau très froide.

♈

Si vous avez oublié au fond de votre placard une boîte de café entamée, il est probable que vous allez être déçue en buvant votre « petit noir ». Eh oui, il a perdu de son arôme! Que faire pour y remédier?

Il suffit de passer les grains à la poêle, sur feu doux; le café perdra ainsi de son humidité et retrouvera tout son parfum.

♉

Certains amateurs de café ajoutent toujours dans la poudre de café moulu (juste avant de le passer), une petite pincée de sel et une de sucre. Essayez et jugez vous-même.

Cafetière

Sachez qu'un morceau de sucre, dans le fond d'une cafetière que l'on n'utilise pas régulièrement, l'empêchera de prendre une odeur de renfermé.

Céleri

Toutes les ménagères attachent, à juste titre, de l'importance à la présentation des plats. Si celui que vous préparez comporte du céleri, faites-le boucler en procédant de la manière suivante :

⊕ Grattez et brossez les branches; à l'extrémité de celles-ci, coupez de très fines bandes à l'aide d'un couteau pointu. Plongez, ensuite, le céleri ainsi préparé dans un bain d'eau glacée pendant une heure; il en ressortira bouclé.

Champignons

Ne vous donnez plus la peine de peler les petits champignons. Coupez-en simplement le bas de la tige et lavez-les soigneusement dans de l'eau vinaigrée. Ils seront plus parfumés et vous aurez gagné du temps.

Charlotte aux fruits

Un conseil : posez un couvercle dessus avant de la mettre au four et, si vous n'avez pas le moule adéquat, mettez-la dans une petite cocotte.

Châtaignes

Les châtaignes s'éplucheront sans difficulté si vous leur faites suivre le traitement suivant :

⊕ Mettez-les une nuit au freezer – puis, le lendemain matin, jetez-les dans de l'eau bouillante. Passez-les ensuite, très vite, sous un jet d'eau froide. Ces « chauds et froids » vous permettront alors de les éplucher immédiatement et sans problème.

Chou

Le chou dégage une odeur très désagréable en cuisant. Pour que cette odeur n'envahisse plus toute la maison, posez sur la casserole dans laquelle vous le faites cuire un linge propre, assez épais, et bien imbibé de vinaigre.

Citron

Ce fruit est peut-être celui qui rend le plus de services non seulement dans la cuisine mais, également, dans l'entretien. D'où l'importance d'en avoir toujours à sa disposition.

θ→ Pour conserver les citrons frais pendant plusieurs semaines, plongez-les dans un récipient rempli d'eau et changez cette eau tous les jours. Vous verrez qu'ainsi ils garderont toute leur fraîcheur.

♈

Ce conseil concerne, évidemment, les citrons entiers. Pour les citrons entamés, deux autres trucs :

θ→ Posez le citron sur une soucoupe, en plaçant le côté entamé en contact avec celle-ci et couvrez le citron d'un verre retourné.

θ→ Saupoudrez de sel fin la partie entamée du citron et lorsque vous voudrez réutiliser celui-ci, il vous suffira d'en couper une tranche mince que vous jetterez.

Jus de citron

Un citron immergé quelques instants dans l'eau bouillante se laissera presser avec beaucoup plus de bonne volonté.

♈

Si vous n'avez pas besoin du jus d'un citron entier, ne le coupez pas. Contentez-vous d'y planter une allumette ou un cure-dents en bois. Les quelques gouttes qui vous suffisent s'écouleront facilement.

Cocktail

Vous réussirez tous vos cocktails si vous versez en premier lieu dans le shaker la boisson qui a la plus faible teneur en alcool.

Concentré de tomate

Vous avez ouvert une trop grande boîte de concentré de tomate et il vous en reste; ne le jetez pas. Laissez-le dans sa boîte et versez dessus un peu d'huile. Ainsi isolé de l'air, ce concentré pourra parfaitement être conservé au réfrigérateur.

Concombre

Vous avez certainement l'habitude de faire dégorger le concombre pendant un certain temps avant de l'assaisonner pour le servir à votre famille. Je vous en rappelle brièvement le principe :

Coupez le concombre en tranches fines (après l'avoir épluché). Saupoudrez de sel. Laissez reposer quelques heures. Rincez, puis assaisonnez.

♈

Donc, si vous vous y prenez à l'avance, ce n'est pas un problème; mais si vous êtes pressée, ce n'en sera pas un non plus, quand vous connaîtrez le truc suivant :

Avant toute chose, coupez la partie pointue d'une des extrémités du concombre. Avec le morceau ainsi obtenu, frottez la section du concombre que vous venez de faire apparaître. Une sorte de mousse blanche va se former; continuez jusqu'à ce qu'il n'y en ait plus. Faites ensuite de même à l'autre extrémité. Après l'avoir ainsi fait dégorger, il ne vous restera plus qu'à l'éplucher, à le couper en fines rondelles et à l'assaisonner. Bien sûr, vous ne servirez pas les deux rondelles extrêmes que vous avez frottées.

Confitures

Le charme et la saveur des confitures faites à la maison ne sont plus à vanter. Pour les réussir sans se ruiner, retrouvons les conseils de nos grand-mères :

⊕→ Compte tenu du prix des fruits, attendez, pour chacun d'eux, la pleine saison. Surtout, n'ayez pas d'idée préconçue sur une catégorie de fruits plutôt qu'une autre. Ne vous fixez pas de jour précis comme « jour des confitures ». Cela vous permettra de saisir des occasions (il y en a encore quelques-unes!). Profitez-en, par exemple, quand un commerçant vous propose des prix au cageot.

Pour vous guider dans vos achats

D'une manière générale, pour réussir les confitures, il faut utiliser des fruits parfaitement propres et sains, ni trop mûrs ni trop durs. Sachez cependant que si l'on peut très bien faire de bonnes confitures avec des prunes éclatées, il n'en va pas de même avec les abricots ou les pêches pas mûres; si on vous en propose, ne les prenez pas; vous risquez de les voir pourrir avant de mûrir. Les poires, petites et précoces, peuvent par contre faire de très bonnes confitures.

Quelques trucs utiles

Si vous faites des confitures de pêches, d'abricots ou de prunes, cassez les noyaux et mettez dans la cuisson l'amande qui se trouve à l'intérieur. Cela donne bon goût et aide les confitures à prendre une bonne consistance.

♈

Pour les fruits sans noyau, mettez des pépins de citron dans un petit morceau de tissu noué que vous laisserez pendant toute la durée de la cuisson. Le résultat sera le même qu'avec les amandes.

♉

N'hésitez pas à parfumer vos confitures avec des zestes de citron, d'orange ou avec de la canelle; elles n'en seront que meilleures.

♊

Si vous faites des gelées, ajoutez donc quelques fruits verts aux fruits mûrs; vos gelées tiendront mieux sans que leur goût en soit modifié pour autant.

♋

Pour empêcher que les confitures ne débordent de la bassine en cuisant, ajoutez une noix de beurre. Celle-ci empêchera la formation de l'écume et vous évitera, par conséquent, de surveiller la cuisson.

♌

A signaler, également, une utilisation originale et efficace de votre « antimonte-lait » : placez-le dans le récipient où cuit la confiture, il aura pour effet de l'empêcher de coller au fond, en la brassant.

♍

Si vos confitures cristallisent, c'est sans doute parce qu'elles sont trop cuites et que la concentration de sucre est trop grande. Au moment d'ouvrir le pot, ajoutez un peu d'eau bouillante pour faire fondre les cristaux et remuez pour répartir le sirop. Ce peut être, également, parce que vos fruits n'étaient pas assez acides. Dans ce cas, faites recuire vos confitures en ajoutant un peu de jus de citron ou de jus de groseille.

Conservation

La fermeture des pots est déterminante pour la conservation des confitures. Elle doit être absolument hermétique afin de ne pas laisser passer d'air. Pour respecter cet impératif, attendez que la confiture soit complètement froide, puis trempez une feuille de papier de soie dans du lait bouilli, froid également, et appliquez-la à la surface de la confiture en serrant bien les bords. Laissez sécher et fermez les pots.

♈

Pour conserver un pot entamé, deux solutions :

- Saupoudrez de sucre en poudre.
- Ne le rebouchez pas avec son bouchon à vis mais plutôt avec une feuille de papier d'aluminium que vous poserez simplement dessus, sans serrer.

♉

Si vous ne prenez pas l'une de ces deux précautions, vous risquez fort de retrouver votre confiture avec une couche de moisi.

Coquillages

De nombreux trucs de « bonne femme » sont tout simplement la manifestation du bon sens. Ainsi, comment obliger les coquillages à rejeter le sable, si indésirable quand nous les consommons, si ce n'est en les obligeant à le faire eux-mêmes?

- Ils le feront bien volontiers si vous les plongez dans un milieu qui leur rappelle le leur, l'eau de mer. Ainsi, placés dans une eau extrêmement salée, ils s'ouvriront d'eux-mêmes, laissant échapper le sable, et se refermeront sans perdre pour autant leur saveur première.

Cornichons

Lorsqu'on prépare soi-même des cornichons, il arrive fréquemment, par excès de zèle, qu'on les laisse dégorger trop longtemps – ce qui a pour conséquence de leur faire absorber trop de sel. Le mal est rattrapable :

➜ Faites-les macérer pendant 3 ou 4 semaines dans du vinaigre de vin additionné de petits oignons épluchés.

Crème

D'une manière générale, lorsque vous devez incorporer un alcool à une crème, ne le faites jamais cuire avec celle-ci. Ajoutez-le à la fin, pour qu'il conserve tout son arôme.

♈

N'oubliez pas qu'une cuillerée à soupe de crème fraîche améliore le goût de quantité de plats. Mais, attention, précautions à prendre :

➜ Jamais d'ébullition ni de contact avec du vinaigre ou du jus de citron, sous peine de voir la crème tourner. Ajoutez-la seulement en fin de cuisson et parfois même contentez-vous de napper la préparation.

Plus de crème tournée

➜ Votre crème anglaise ne tournera plus si, avant de battre les œufs, vous ajoutez une cuillerée à café de farine. Cela lui permettra de supporter l'ébullition.

♌ Si vous ne connaissiez pas le truc précédent et que la crème que vous avez préparée pour régaler votre famille a eu la malencontreuse idée de tourner, ne vous désolez pas. Versez-la dans une bouteille remplie aux 3/4, bouchez bien celle-ci et secouez-la énergiquement pendant cinq minutes. Votre crème redeviendra lisse et onctueuse, donc parfaitement réussie.

Crêpes

Obtenir une pâte à crêpes sans grumeaux, c'est très difficile pour ne pas dire impossible. Heureusement, le mal est facile à réparer puisque vous obtiendrez une pâte parfaitement fluide si vous la passez au tamis et écrasez les grumeaux au fur et à mesure.

♈

Un blanc d'œuf en neige ou un verre de bière ajouté à la pâte rendra vos crêpes plus légères.

♉

Faire des crêpes est un travail de longue haleine et les garder chaudes est certainement l'une de vos préoccupations. Elles conserveront chaleur et moelleux, si vous les mettez au fur et à mesure dans une assiette ou dans un plat posé sur une casserole d'eau bouillante et recouvert d'un saladier retourné.

Croissants

Si vous aimez les croissants frais et qu'il vous en reste de la veille, enveloppez-les dans du papier de soie mouillé et mettez-les au four quelques minutes.

Endives

Il y a les pour et les contre! Les premiers apprécient le goût particulier de l'endive cuite, les autres disent ne pas pouvoir supporter son amertume. Pour faire l'unanimité, il y a, bien sûr, la solution de la salade d'endives, mais vous avez également la possibilité de limiter au maximum cette amertume tant décriée. Pour cela plusieurs solutions :

→ Faire blanchir les endives dans un mélange d'eau et de lait en quantité égale.

→ Ajouter un croûton de pain rassis à l'eau de cuisson.

Une autre manière délicieuse d'accommoder les endives

Les faire braiser crues dans une sauteuse, sans eau, mais avec du beurre et un jus de citron. Ajouter quelques cuillerées de sucre en poudre et laisser cuire à feu doux en couvrant. C'est délicieux et devrait mettre tout le monde d'accord.

Entremets

Pour améliorer la saveur des entremets au chocolat, faites fondre les plaques de chocolat dans un café très fort.

Foie

Si le foie a peu d'amateurs, c'est sans doute parce qu'on ne sait pas le rendre moelleux.

→ Ce ne sera plus le cas si vous le laissez tremper dans du lait pendant une heure ou deux.

♈

Vous avez vu trop grand et il vous reste une tranche de foie. Si vous la conservez dans son papier, elle colle après celui-ci, si vous la laissez à l'air, elle se dessèche.

→ Mettez-la en attente dans de l'huile et placez-la dans le réfrigérateur. Elle gardera toute sa souplesse.

Fondue bourguignonne

Rien de tel qu'une fondue bourguignonne pour donner une atmosphère chaleureuse à un dîner entre amis, mais attention aux projections d'huile brûlante.

→ Pour éviter que l'huile ne saute lorsqu'on y plonge le morceau de viande, déposez dans le caquelon, avant de le mettre sur la table, une branche de persil. Vos invités ne risqueront plus de se brûler.

Frites

Tout le monde aime les frites, mais il y a frites et frites! Pour qu'elles soient bonnes et digestes, il faut respecter certaines règles.

Le corps gras

Il doit être, c'est évident, stable à la chaleur. Outre les corps gras destinés exclusivement à la friture, vous reconnaîtrez aisément les huiles pouvant être mises sans problème dans votre friteuse puisqu'elles doivent porter la mention « huile pour friture ».

La température

Autre point important. Elle ne doit pas excéder 170°. Sachez que c'est, en effet, la trop forte température qui est l'ennemie n° 1 des corps gras puisqu'elle en modifie la composition. Alors soyez vigilante. Il est moins nocif d'utiliser quarante fois la même huile à 170° que huit fois à 200°. Mais que cela ne vous empêche pas de changer souvent votre huile de friture!

♈

Il est évident que seule la friteuse électrique munie d'un thermostat vous permettra d'être certaine de la température de la friture.

Des frites plus savoureuses

Ne les faites pas cuire en une seule fois. Après les avoir saisies une première fois, sortez-les, puis replongez-les quelques minutes plus tard.

♈

θ→ Si vous jetez dans la friture, en même temps que les pommes de terre, quelques gousses d'ail non épluchées que vous aurez simplement crevées d'un petit coup de couteau, vos frites auront un goût délicieux.

Odeur

θ→ Mettez une branche de persil dans la friture quand elle commence à chauffer. C'est un excellent remède pour que toute la maison ne soit pas imprégnée de l'odeur des frites.

Déchets

Autre inconvénient, les petits morceaux de pomme de terre, les petits déchets qui se déposent dans la friture.

θ→ Pour les faire disparaître, faites chauffer l'huile et jetez-y un blanc d'œuf cru. En cuisant, « telle une

pieuvre », il retiendra toutes ces petites particules indésirables.
Vous n'aurez plus qu'à retirer le tout avec une écumoire.

Friture qui déborde

- Jetez un oignon dedans, tout redeviendra normal.

Gâteaux

Toutes les femmes qui font de la pâtisserie savent que la présentation d'un gâteau joue un rôle très important. Pour être appétissant, il doit être doré et parfaitement démoulé.

Gâteau doré

La méthode classique pour obtenir un gâteau bien doré consiste à l'enduire de jaune d'œuf; mais il en existe une autre, moins connue :

- Badigeonnez votre gâteau avec un peu de lait, étalé avec un pinceau. 1 ou 2 cuillerées suffisent et cela réussit même avec du lait en poudre.

Démoulage

Pour démouler un gâteau sans problème, deux solutions :

- Après avoir beurré le moule, saupoudrez-le de sucre en poudre avant d'y verser la préparation.
- Avant de mettre le gâteau au four, posez dessus un couvercle, une assiette ou un plat (selon sa dimension). La vapeur dégagée en cours de cuisson l'empêchera de coller aux parois du moule.

♈

Si vous n'avez pas pris l'une de ces deux précautions et que vous ayez du mal à le démouler, posez le moule encore chaud sur une surface froide, recouvrez le tout d'un linge plié en quatre et laissez reposer cinq minutes. Vous démoulerez ensuite votre gâteau sans difficulté.

Est-il cuit?

→ Vous le saurez si, après avoir enfoncé une lame de couteau en son centre, elle ressort absolument sèche.

Glace maison

Si votre famille est gourmande de glaces, il est évident que l'usage d'une sorbetière électrique vous facilitera grandement la tâche. Mais, même si vous n'en avez pas, vous pourrez régaler vos enfants à condition de respecter certaines règles et de connaître quelques trucs :

→ N'oubliez pas de dégivrer votre réfrigérateur la veille du jour où vous faites une glace.

→ Prenez la précaution de mettre au freezer le récipient qui contiendra la glace, avant d'entamer la confection de celle-ci. Elle prendra plus vite.

→ Si vous voulez éviter la formation de petits cristaux qui craquent sous les dents, ajoutez quelques gouttes de jus de citron à votre préparation.

→ Pensez à la remuer toutes les demi-heures.

→ Enfin, ne sortez pas la glace du freezer juste avant de la consommer : elle serait trop dure et perdrait de sa saveur. Laissez-la un peu en attente dans le réfrigérateur.

Glaçons

Les glaçons démoulés à l'avance et maintenus au freezer dans l'attente de vos invités n'auront plus le désagréable réflexe de coller entre eux si vous respectez l'un des trucs suivants :

Si vous êtes pressée

Après les avoir démoulés en passant le bac sous l'eau froide ou chaude, arrosez les glaçons d'eau gazeuse, ou encore saupoudrez-les de sel fin, mais n'oubliez pas de les rincer avant de vous en servir.

Si vous avez le temps

Laissez-les fondre suffisamment pour les démouler (sans les passer sous l'eau); ils ne colleront pas.

Des glaçons originaux

Si vous mettez dans l'eau du bac à glaçons une goutte de grenadine, de sirop d'orange ou de menthe verte, vous obtiendrez des glaçons colorés qui raviront vos enfants.

♈

Une idée de glaçons décoratifs et qui a l'avantage de ne pas allonger d'eau la boisson que vous servez :

→ Faites congeler des petits fruits dans votre réfrigérateur (petites prunes, groseilles à maquereaux, cerises, etc.).

Gratin

Si le gratin que vous avez mis au four a pris un coup de feu, plutôt que de le servir avec le dessus brûlé, enlevez toute la partie noircie et versez sur le plat quelques cuillerées de sauce béchamel ou de crème fraîche que vous parsemez d'un peu de gruyère râpé. Faites dorer légèrement, et cette fois, ne l'oubliez pas dans le four!

Gruyère

Les fromages à pâte grasse, tels que le gruyère, sèchent et moisissent dans le réfrigérateur même s'ils sont bien emballés. Plusieurs solutions pour que cela ne se produise plus :

- Posez sur une assiette, sans qu'ils se touchent, votre gruyère en compagnie d'un morceau de sucre. Couvrez le tout avec une cloche en verre; si vous n'en avez pas, mettez gruyère et sucre dans une boîte fermant hermétiquement. Le résultat sera le même.

- Enveloppez le gruyère dans un morceau de tissu (du coton de préférence) préalablement trempé dans du lait ou de l'eau salée et bien essoré. Quand le tissu est sec, c'est-à-dire au bout de deux jours environ, changez-le, prenez-en un autre, et renouvelez l'opération.

- Si ces conseils arrivent trop tard et que vous vouliez redonner sa fraîcheur à un morceau de gruyère desséché, enveloppez-le dans un tissu trempé dans du vin blanc; laissez-le ainsi pendant quelques heures et vous pourrez le manger de nouveau.

Haricots secs

Vous aimez les haricots secs, les charençons aussi.

- Si vous voulez éviter qu'ils ne se régalent à vos dépens, mettez plusieurs gousses d'ail épluchées dans la boîte qui contient les haricots. C'est une méthode dissuasive extrêmement efficace.

Plus de digestion difficile si, après avoir laissé bouillir les haricots quelques instants, vous jetez cette première eau et ajoutez 3 cuillerées d'huile à la seconde eau de cuisson.

Les haricots blancs ne sont pas toujours faciles à cuire et il arrive assez fréquemment qu'ils demeurent un peu durs même si l'on a respecté le temps de cuisson. Palliez cet inconvénient en ajoutant à l'eau de trempage et à celle de cuisson une pincée de bicarbonate de soude. Vos haricots blancs seront aussi tendres et moelleux que des haricots frais.

Huile

L'huile se conserve intacte beaucoup plus longtemps si vous la maintenez à l'abri de la lumière.

Si vous craignez de voir rancir une huile que vous n'utilisez que rarement, mettez dans la bouteille un tout petit morceau de sucre; l'huile conservera sa fraîcheur.

Jambon

Si du moisi s'est formé sur la croûte d'un jambon, frottez celui-ci avec un linge trempé dans une pâte liquide faite d'eau et de sel; toute trace de moisi disparaîtra et le jambon reprendra son aspect appétissant.

Lorsqu'on oublie trop longtemps des tranches de jambon dans le réfrigérateur, elles durcissent; pour leur rendre fraîcheur et souplesse, un truc très simple : trempez-les dans du lait pendant quelques instants.

Lait

Peut-être avez-vous envie de savoir si le lait que vous consommez régulièrement est pur. Pour vous en assurer, le moyen est simple :

ϑ→ Prenez une aiguille à tricoter en acier, nettoyez-la bien pour être certaine qu'elle n'est absolument pas grasse. Plongez-la dans le lait et relevez-la verticalement. Si le lait est pur, il en restera une goutte à la pointe de l'aiguille; si ce n'est pas le cas, tirez-en vos conclusions!

Qu'est-ce qui se sauve et qui tourne sans bouger?

Toutes les ménagères connaissent la réponse et savent bien qu'il suffit d'un instant de distraction pour que le lait déborde, ou d'un coup de chaleur pour qu'il tourne.

ϑ→ Si vous avez un antimonte-lait, utilisez-le. Sinon, mettez une petite cuillère ou une soucoupe retournée au fond de la casserole.
Dans tous les cas, le lait ne se sauvera plus.

♈

Si votre lait a tourné, ne vous désolez pas; versez-le dans un filtre à café en papier et laissez l'eau s'égoutter; vous obtiendrez ainsi un savoureux fromage blanc, d'autant plus savoureux que le lait tourné sera épais.

♉

Un truc maintenant pour que le lait n'attache pas au fond de la casserole lorsque vous le faites bouillir :

ϑ→ Rincez celle-ci, ne l'essuyez pas et versez votre lait dedans. Vous n'aurez plus de problème de nettoyage.

Lapin

Si vous faites du lapin sauté, ajoutez un quart d'heure avant la fin de la cuisson une cuillerée à soupe d'apéritif cuit et une cuillerée à soupe de marc. Mélangez avec un peu de sauce et arrosez le lapin. Succès assuré auprès de vos convives.

Légumes

Plutôt que de mettre du sel dans l'eau de cuisson des légumes secs ou verts, salez-les avant de les servir. Cela leur évitera de durcir.

♈

Une idée pour gagner du temps en réduisant le temps de cuisson de vos légumes : ajoutez un peu de bicarbonate de soude dans leur eau de cuisson.

♉

Savez-vous qu'un morceau de sucre dans les petits pois et les carottes en conserve leur donne une saveur très agréable?

Levure

La levure de bière craint aussi bien le chaud que le froid. Au réfrigérateur le froid tue le ferment et, délayée avec de l'eau chaude, elle ne lève plus.

Marrons

Peut-être feriez-vous plus souvent de la purée de marron si vous pouviez les éplucher facilement :

- Leur première peau s'enlèvera sans problème si vous ajoutez une cuillerée à soupe d'huile à leur eau de cuisson.

- La deuxième peau est la plus insidieuse; si vous avez de la patience, le meilleur truc que j'aie trouvé pour faire de la purée de marron, c'est celui du « presse-ail ». Vous introduisez un marron dans cet ustensile, la chair passera par les trous; à vous d'enlever les déchets retenus et d'attaquer le marron suivant.

Mayonnaise

La condition préalable pour réussir une mayonnaise est simple mais impérative :

- Les œufs et l'huile que vous utilisez doivent être à la même température : donc ne sortez pas vos œufs du réfrigérateur au dernier moment. Vous auriez des surprises.

♈

Si le respect de cette condition est indispensable, il n'est pas suffisant. Mettez, dès le début, sel, poivre et vinaigre. Ne les incorporez pas en cours de route.

♉

Si, malgré cette précaution, votre mayonnaise avait la malencontreuse idée de tourner, voici le truc qui pourra la sauver :

- Délayez à part un peu de cette mayonnaise tournée avec une cuillerée à soupe de vinaigre bouillant; recommencez à battre en versant doucement la mayonnaise tournée dans le mélange que vous venez de faire.

Pseudo-mayonnaise

Une idée de remplacement pour ceux qui ont le foie fragile mais rêvent malgré tout de mayonnaise :

⊕→ Salez et poivrez le contenu d'une barquette de fromage frais totalement écrémé, incorporez-y des oignons hachés et de la ciboulette, puis le jus d'un citron.

Melons

Savoir choisir un melon, cela a tout de la mission de confiance. Ne vous fiez pas à votre seul odorat; sachez que le poids joue également un grand rôle. Soupesez donc les melons et, à taille égale, choisissez celui qui pèse le plus lourd; vous ne serez pas déçue.

Meringues

Pour que les meringues ne tombent pas à la cuisson, avant de les enfourner, saupoudrez-les de sucre glace à l'aide d'une passoire à thé. Vous n'aurez plus de mauvaise surprise.

Moule à pâtisserie

On gaspille souvent la matière grasse en essayant de beurrer un moule à pâtisserie ou un plat à gratin. Mettez donc votre matière grasse dans le moule ou le plat et passez-le quelques instants dans le four chaud où elle ramollira. Vous pourrez ensuite l'étaler très facilement.

Moutarde

La moutarde d'un pot entamé a tendance à se dessécher sur le dessus. Vous n'aurez plus ce problème si vous posez une rondelle de citron en contact avec la surface de celle-ci. Veillez à changer la rondelle de citron après chaque usage.

Noix

Les noix donnent autant de mal que les marrons avant de se laisser manger. Vous aurez moins de mal à les sortir de leur coquille si vous les trempez une nuit dans l'eau sucrée. Elles ne se briseront pas et vous les éplucherez plus facilement.

Nouet

Sous ce nom, que vous ne connaissez peut-être pas, se cache un accessoire très utile en cuisine; il s'agit d'un linge noué dans lequel on a placé une substance aromatique pour la faire infuser ou bouillir.

⊕ Plutôt que d'utiliser du tissu pour vous en fabriquer un, je vous conseille d'utiliser le gousset de maille de nylon que vous trouvez dans les boîtes de collants. C'est idéal!

Œufs

Une certitude : l'œuf ne tient pas dans notre alimentation la place qu'il devrait tenir. Est-ce parce que le Français tremble toujours pour son foie? En fait, il semble que cette crainte soit peu justifiée si l'on en juge par l'exemple de nos amis anglo-saxons.
Or l'œuf est un aliment pratiquement complet puisqu'il contient vitamines, protéines et oligo-éléments.
Ce cours préliminaire à la gloire des œufs étant fait, comment vous y reconnaître au moment d'en acheter?

Ce qu'il faut savoir

Les œufs sont calibrés selon leur poids et classés en catégories, 7 catégories très exactement. La catégorie 1 correspond à des œufs pesant chacun environ 70 grammes et la catégorie 7 à des œufs pesant moins de 45 grammes.

♈

Deuxième type de catégorie, celle qui nous renseigne sur leur fraîcheur. La catégorie A comprend les œufs extra-frais et frais : c'est à cette lettre figurant sur la boîte que vous les reconnaîtrez.

♉

Ne vous étonnez pas de ne pas trouver les mentions « œufs coque » ou « œufs fermiers », la loi l'interdit. Par conséquent, fiez-vous à l'appellation « extra-frais » si vous souhaitez acheter des œufs vendus dans les sept jours qui suivent la date d'emballage.

♊

Dernier point pour vous guider dans vos achats : n'attachez pas d'importance à la teinte de la coquille, elle n'a aucune influence sur la qualité de l'œuf.

Sont-ils frais?

Il existe un moyen très simple de vérifier la fraîcheur des œufs. Plongez-les dans de l'eau froide salée.

- S'ils tombent au fond et y restent, vous pouvez sans crainte les manger à la coque.
- S'ils restent à mi-hauteur, vous pouvez les manger cuits, c'est-à-dire en omelette, sur le plat ou durs.
- S'ils flottent, il ne vous reste qu'une solution : les jeter.

♈

Si vous faites partie de ces privilégiées qui peuvent avoir des œufs du jour, une recommandation :

Ne consommez pas ces œufs fraîchement pondus avant deux ou trois jours. En effet, s'il est bon de consommer des œufs frais, il n'est pas souhaitable de les manger trop frais.

Peut-on les conserver?

Condition essentielle : conservez-les toujours à l'abri de la lumière.

♈

Si vous avez acheté des œufs très frais, vous pouvez les garder une semaine dans un endroit frais et environ trois semaines dans votre réfrigérateur.

Œuf fêlé

Attention! Un œuf fêlé doit être consommé immédiatement et, dans le pire des cas, avant 48 heures.

Pour éviter qu'un œuf fêlé ne se vide dans son eau de cuisson, ajoutez à celle-ci un filet de vinaigre.

Œuf à la coque

Ils ne se fendront plus en cuisant si vous placez une soucoupe retournée à l'intérieur de la casserole.

♈

Si vous avez la fâcheuse habitude de laisser bouillir trop longtemps vos œufs à la coque parce que vous oubliez de regarder votre sablier ou votre montre, adoptez la méthode suivante :

Mettez-les dans de l'eau froide, et quand l'eau commence à bouillir, retirez-les. Ils seront juste à point pour être mangés à la coque.

♉

Une fois retiré le « chapeau » de l'œuf à la coque que vous

vous apprêtez à manger, déposez une pincée de sel et ajoutez aussitôt quelques gouttes d'eau bouillante; celle-ci va le dissoudre et, par conséquent, saler votre œuf uniformément.

Œuf dur

Ils ne « danseront » plus dans la casserole si vous prenez la précaution d'en percer le haut avec une aiguille.

♈

Ils n'éclateront plus dans l'eau de cuisson, si vous mettez dans celle-ci deux ou trois allumettes ayant déjà été utilisées. Surprenant et efficace!

♉

Vous les écalerez plus facilement, surtout s'ils sont très frais, en mettant une poignée de gros sel dans l'eau de cuisson.

♊

Une astuce encore pour enlever leur coquille : coupez-les (avec la coquille) dans le sens de la longueur; glissez ensuite le bout rond d'un couteau entre la coquille et le blanc. La moitié d'œuf sortira aussitôt.

Omelette

Le secret d'une omelette moelleuse, c'est de ne pas trop battre les œufs. Contentez-vous donc de percer les jaunes et de les mélanger aux blancs avec une fourchette. Si vous ajoutez un tout petit peu de lait ou d'eau, vous obtiendrez une omelette plus légère et plus volumineuse.

Œufs en neige

Le moindre soupçon de jaune d'œuf dans les blancs que

vous voulez battre en neige les empêchera de monter. Alors, séparez-les soigneusement.

♈

Pour obtenir une neige plus ferme, vous avez le choix entre deux solutions :

- Mettre une larme de lait dans le fond du récipient avant de fouetter les œufs ou ajouter un filet de citron et un peu de sucre en poudre. Ils monteront plus lentement, mais la stabilité de la « neige » obtenue vous permettra de les intégrer beaucoup plus facilement à une préparation, surtout si vous le faites de la manière suivante :

- Ajoutez d'abord une ou deux cuillerées de blanc battu à votre pâte, puis versez le reste, en une seule fois, tout en remuant la préparation de haut en bas, délicatement et sans tourner.

♈

D'autre part, ne battez pas les œufs à l'avance, faites-le juste avant de les incorporer à votre préparation.

♉

Si vous voulez augmenter le volume des blancs d'œuf battus en neige, ajoutez de l'eau froide, mais pas dans n'importe quelle proportion. Pour être certaine de bien la déterminer, remplissez d'eau une demi-coquille d'œuf autant de fois que vous avez d'œufs battus. Par exemple : 4 œufs, quatre demi-coquilles d'eau.
Vous ne devrez incorporer cette eau qu'à partir du moment où les blancs se formeront en neige et cela progressivement, tout en battant.

REMARQUE : Les blancs d'œuf doivent être utilisés immédiatement. Après 24 heures, même au réfrigérateur, ils deviennent nocifs.

Deux astuces bonnes à connaître.

θ› Si vous incorporez un œuf battu à votre farce de viande, elle ne s'émiettera pas pendant la cuisson.

θ› Si vous êtes une pâtissière débutante et que vous ayez des problèmes pour séparer les blancs des jaunes, cassez vos œufs au-dessus d'un entonnoir, le blanc s'écoulera et le jaune restera.

Oignons

S'il est un moment qui réunit toutes les femmes, c'est bien celui où elles pleurent en épluchant les oignons. Que de larmes versées en leur nom!
Nous avons toutes nos trucs pour garder les yeux secs. En voici quelques-uns efficaces et originaux. Testez-les et choisissez celui qui vous conviendra le mieux.

Classique et n'ayant plus à faire ses preuves

θ› Les éplucher sous un filet d'eau.

Plus surprenant

θ› Piquez à la pointe du couteau dont vous vous servez pour les éplucher, une grosse boulette de mie de pain.

A condition d'être équipée!

θ› Si vous avez une hotte aspirante, installez-vous dessous.

Jouez la diversion

θ› Maintenez dans votre bouche, sans l'avaler, une gorgée d'eau. Cela vous demandera un tel effort de concentration que vous ne penserez plus à pleurer.

L'imagination des femmes n'a pas de limites

ϑ→ Mettez-vous un masque de plongée, mais prévenez vos amis s'ils doivent entrer dans la cuisine!

Une fois qu'ils sont épluchés

ϑ→ Lorsque vous faites revenir des oignons, vous n'aurez plus à craindre qu'ils noircissent rapidement si vous prenez la précaution de les passer au préalable dans la farine. Couleur dorée garantie.

♈

Pour éviter que les oignons ne se défassent en cours de cuisson (quand ils sont entiers), il suffit de faire une incision en forme de croix à la base de chacun d'eux.

Olives

Que ce soit pour décorer une salade, pour parfumer un plat, ou pour servir tout simplement avec l'apéritif, il est toujours très utile d'avoir en réserve, chez soi, des olives noires.
Achetez-les au poids et choisissez, selon votre préférence, celles de Nice qui sont petites, ou bien les plus grosses qu'on a l'habitude d'appeler « olives de Grèce ».

♈

Pour les conserver, égouttez-les parfaitement, et mettez-les dans un bocal avec deux gousses d'ail, un gros bouquet de thym et deux ou trois branches de sarriette. Laissez macérer pendant au moins dix jours. Vous aurez ainsi des olives à disposition, toute l'année. Bien sûr, au fur et à mesure que vous en consommez, vous pouvez remettre de nouvelles olives dans le pot. Surtout, ne jetez pas l'huile une fois le pot terminé; passez-la et utilisez-la dans vos salades. Elle leur donnera un goût très parfumé!

Oranges

Vos enfants ne vous demanderont plus d'éplucher leur orange lorsqu'ils connaîtront cette astuce :

Essayez d'abord et montrez-leur ensuite. Avec le manche d'une petite cuillère dont vous vous servez comme d'un couteau, décrivez des cercles successifs, de manière à enlever la totalité de la peau. Vous obtiendrez ainsi un long serpentin qui les amusera!

Os à moelle

Un os à moelle dans le pot-au-feu, c'est un régal, mais à condition que la moelle ne se répande pas pendant la cuisson.
Pour ce faire, plusieurs moyens sont à votre disposition :

Bouchez l'ouverture de l'os avec une rondelle de carotte crue.

Enveloppez l'os dans un tissu très aéré.

Mettez quelques grains de gros sel dans la moelle, de chaque côté de l'os.

Ne mettez pas l'os à moelle dès le début de la cuisson du pot-au-feu. En effet, à cuire trop longtemps, la moelle risque de devenir de l'huile.

Pain

Il est souvent difficile de prévoir exactement la bonne quantité de pain pour sa famille. Plutôt que de manger du pain rassis, ou du « pain perdu », placez-le donc dans le bas de votre réfrigérateur et vous verrez qu'il restera frais d'un jour sur l'autre.

♈

Le pain frais se coupe mal; pour vous faciliter la tâche, trempez la lame du couteau dans l'eau bouillante, essuyez-la et coupez tout de suite une tranche de pain. Pour en couper plusieurs tranches, vous devez renouveler l'opération pour chacune d'elles.

Pastèque

Une idée qui vient de Roumanie et qui vous permettra de déguster des pastèques à Noël! Achetez-les pendant la pleine saison et recouvrez-les de bandes plâtrées achetées en pharmacie. Ainsi protégées, mettez-les à la cave. Au jour dit, cassez le plâtre, et vous pourrez déguster vos pastèques comme si vous les aviez achetées le jour même.

Pâtes

Les pâtes alimentaires sont un des aliments de base de notre nourriture. Leur réussite dépend essentiellement de la cuisson et certaines règles sont à respecter impérativement pour ne pas risquer de voir les pâtes adhérer les unes aux autres.

Choix du récipient

Il doit être grand, haut de préférence; un faitout convient

parfaitement, même si la quantité de pâtes à faire cuire n'est pas importante.

Cuisson

L'eau doit bouillir à gros bouillons au moment où vous y versez les pâtes. Ajoutez une cuillerée à soupe d'huile, elles ne colleront pas entre elles.

Après avoir laissé reprendre l'ébullition, vous avez le choix entre deux solutions :

- Laissez l'eau et les pâtes sur le feu et remuez de temps en temps avec une cuillère en bois. Si vous ajoutez dans l'eau un petit morceau de margarine, l'eau ne passera plus par-dessus bord et vous n'aurez donc plus besoin de surveiller la cuisson.

- Retirez-les du feu; mettez alors sur la casserole un torchon plié en quatre et posez un couvercle par-dessus. Laissez reposer pendant environ 1/4 d'heure et égouttez-les. Elles seront cuites et vous aurez réalisé une petite économie.

Restes

Réchauffer un reste de pâtes sans qu'elles collent ne sera plus un problème si vous les plongez quelques instants dans l'eau bouillante et les égouttez aussitôt. Elles seront aussi bonnes que la veille.

La pâte à tarte

Tout le monde aime les tartes, notamment les tartes aux fruits, mais encore faut-il les réussir! Le point délicat étant, bien entendu, la réussite de la pâte.

♈

Quoi de plus désagréable, en effet, que de voir son mari ou ses enfants (les invités n'osent pas!) manger les fruits et la crème, et laisser la pâte?
Cela ne vous arrivera plus si vous suivez bien la recette de la pâte que vous avez décidé de faire et si vous respectez les conseils ou les trucs suivants :

Préparation

Si vous faites une pâte brisée, sachez qu'il ne faut pas trop la pétrir. Contentez-vous de mélanger rapidement les ingrédients qui la composent en y incorporant le beurre et en ajoutant très peu d'eau. Le but étant d'obtenir simplement une boule de pâte souple, pas trop molle et qui ne colle pas. Cette pâte doit reposer pendant au moins une demi-heure et être utilisée ensuite.

♈

Pour réussir une pâte brisée ou sablée, au lieu d'ajouter de l'eau, mettez simplement 2 glaçons dans la farine. C'est un truc infaillible.

♉

Si vous ajoutez de la levure chimique à une pâte, faites-le toujours en fin d'opération. En ne respectant pas cette consigne, vous avez toutes les chances de voir la levure perdre ses propriétés.

♊

Si vous avez du mal à étaler la pâte, placez celle-ci entre deux feuilles de papier sulfurisé et servez-vous de votre rouleau à pâtisserie comme à l'accoutumée.

♋

Les fruits juteux ont une fâcheuse tendance à détremper la

pâte. Cela ne se produira plus si, au lieu de les disposer directement sur celle-ci, vous les en isolez.

θ→ Pour ce faire, saupoudrez sur la pâte soit une fine couche de chapelure soit un mélange de sucre semoule et de farine. L'une comme l'autre auront pour effet d'absorber l'excès de jus des fruits.

Transport

Le risque est grand, si votre pâte est fine ou s'il s'agit de pâte sablée, de la voir se déchirer lorsque vous la soulevez avec les mains.

θ→ Cela ne vous arrivera pas si vous la transportez, enroulée sur le rouleau à pâtisserie : vous n'aurez plus qu'à la dérouler sur le moule.

Cuisson

Il est des détails auxquels on ne pense pas et qui, pourtant, sont déterminants.

θ→ Ainsi, saviez-vous que pour réussir la cuisson d'une tarte, il faut poser le moule la contenant sur la plaque du four et non pas sur la grille?

♈

Pour empêcher que la pâte à tarte ne gonfle dans le four, la méthode classique consiste à poser sur celle-ci des petits cailloux ou des légumes secs (lentilles, haricots, etc.).

♉

Mais il existe un autre moyen beaucoup moins connu et pourtant beaucoup plus efficace :

θ→ Piquez au centre de la pâte, avant de la garnir, des morceaux de macaroni. Ils feront office de cheminées, et empêcheront votre pâte de gonfler.

Restes

S'il vous reste de la pâte, enveloppez-la dans une feuille de papier d'aluminium et placez-la dans votre réfrigérateur. Elle se conservera jusqu'au lendemain.

Pêches

Savez-vous que vous pouvez, sans peine, enlever la peau des pêches en les plongeant quelques secondes dans l'eau bouillante?

Persil

Vous pourrez conserver du persil frais pendant une dizaine de jours si vous procédez de la manière suivante :

Après avoir lavé et séché les branches de persil, coupez-en les queues et hachez les feuilles. Mettez celles-ci dans un bocal que vous conserverez au réfrigérateur.

Petits fours

Conservez le moelleux des petits fours en enfermant, dans la boîte qui les contient, une pomme préalablement lavée et parfaitement essuyée. Ils ne sécheront plus.

Pique-nique

La prochaine fois que vous partirez en pique-nique, prévoyez donc un déjeuner sur l'herbe vous permettant d'échapper un peu au traditionnel « sandwiches, jambon, œufs durs ».

Tout d'abord pensez aux crudités :

θ→ Les tomates, les radis, le maïs et même les pommes de terre, préalablement cuites en robe des champs pourront constituer une entrée agréable et qui ne vous aura pas demandé trop d'efforts de préparation.

Pour le plat de résistance

Évitez les aliments préalablement cuits à l'huile puis mangés froid. C'est indigeste. Renoncez également, pour les mêmes raisons, aux plats qui se consomment habituellement chauds : les pizzas, les pâtes, par exemple.
Je vous conseille plutôt un plat unique à base de riz, auquel vous pourrez adjoindre tout ce qui vous plaira (c'est une bonne occasion d'utiliser les restes).

♈

A vous donc d'improviser :

θ→ poulet froid, jambon, viande froide, olives, thon, gruyère, poivrons, œufs durs, concombres, le tout, bien sûr, coupé en dés. N'assaisonnez pas ce plat avant de partir, prévoyez plutôt une petite bouteille remplie de vinaigrette.

♉

Si vous n'avez pas de glacière portative, vous pourrez quand même boire frais en enveloppant les bouteilles de papier journal, et en les arrosant d'eau de temps en temps.

Poires et pommes

La nature est parfois contrariante. Ainsi, vous conserverez vos poires plus longtemps en les maintenant « queue en l'air ». Les pommes, elles, préfèrent l'inverse.

Poisson

Nous sommes de médiocres amateurs de poisson. Est-ce par goût, par manque d'habitude, par peur des arêtes ou parce que les ménagères ne sont pas certaines de la fraîcheur de celui qu'elles achètent? Sans doute, un peu pour toutes ces raisons à la fois.

Reconnaître un poisson frais

Certains signes peuvent vous aider à reconnaître un poisson frais :

- L'odeur tout d'abord. S'il dégage une odeur d'ammoniaque, ne le prenez pas.

- Les branchies doivent être de couleur vive.

- La chair doit être ferme et présenter une couleur uniforme.

- La peau doit être recouverte d'un liquide transparent et gélatineux, appelé « mucus ».

- Regardez-le dans les yeux. La pupille doit être noire et brillante et l'œil bombé. S'il est concave au centre, c'est très mauvais signe.

J'espère que ces « signes extérieurs de fraîcheur » vous aideront à choisir les poissons que vous achetez, mais choisissez votre poissonnier. Vous vous rendrez rapidement compte de son sérieux et de la fréquence des arrivages.

Si vous les pêchez vous-même

Les poissons pêchés dans un étang n'auront plus le goût de vase si, dès que vous les avez sortis de l'eau, vous leur faites avaler une cuillerée à café de vinaigre en maintenant les ouïes fermées.

Conservation

Si vous êtes tentée, en faisant votre marché, par de superbes soles ou par des daurades particulièrement fraîches, ne vous restreignez pas, achetez-en pour deux repas puisqu'il est tout à fait possible d'en garder une partie pour le lendemain ou le surlendemain.

θ→ Faites fondre deux morceaux de sucre dans un demi-litre de vinaigre. Trempez un torchon dans cette préparation, essorez-le un peu et étalez-le sur une table. Saupoudrez-le de gros sel, déposez votre poisson dessus et recouvrez-le lui-même, également, de gros sel. Enveloppez le tout dans le torchon sans serrer.
Vous conserverez, ainsi, votre poisson frais pendant deux ou trois jours.

Farinage du poisson

Avant de faire frire du poisson, il faut le fariner. Habituellement on saupoudre de farine la table, le plan de travail ou une planche à découper et on en met partout puisque la farine est très volatile.

Un truc pour fariner les poissons sans éparpiller la farine :

θ→ Versez quelques cuillerées de farine dans un sac de papier. Mettez le poisson dedans, la tête la première, en laissant dépasser la queue. Maintenez le haut du sac fermé autour de la queue et secouez. Les poissons seront parfaitement farinés et vous n'aurez plus qu'à jeter le sac de papier après usage.

Friture

Si vous voulez sortir un peu de la traditionnelle friture de petits poissons roulés simplement dans la farine, deux possibilités :

- Les rouler dans la fécule de pomme de terre. La friture sera plus croustillante et plus digeste.

- Les tremper dans la crème fraîche avant de les rouler dans la farine. Ils auront un goût délicieux qui étonnera vos convives.

Quelques trucs à retenir

- Pour attendrir des *poulpes* ou des *seiches,* mettez dans l'eau de cuisson ou dans la sauce un bouchon de liège. Incroyable mais vrai, les mollusques cuiront vite, bien, et en ressortiront tout attendris.

- Pour que la *truite meunière* ne fonde pas à la cuisson, trempez-la (avant de la faire cuire) dans du lait puis dans de la farine.

- Vous obtiendrez une *morue* parfaitement blanche si vous la faites pocher au lait plutôt qu'à l'eau.

L'odeur

On ne vantera jamais assez les mérites du poisson, mais on ne regrettera jamais assez l'odeur désagréable qu'il dégage lorsqu'on le fait cuire sur le gril, à la poêle ou en friture.

Sur le gril ou à la poêle

- Vous serez étonnée de constater que l'odeur tant redoutée disparaîtra si vous enveloppez votre poisson dans du papier d'aluminium. S'il s'agit de poissons de taille moyenne, enveloppez chaque pièce isolément.

- Si ce sont des sardines, alignez-les par groupe de trois ou quatre avant de les envelopper. Il ne vous restera qu'à les faire cuire sur le gril ou à la poêle ainsi empaquetées. Évidemment, jetez le jus obtenu.

Barbecue

θ→ Si l'odeur de poisson grillé ne veut plus quitter votre barbecue, faites chauffer la grille jusqu'à ce que tous les débris de poisson soient carbonisés. Frottez-la ensuite avec un papier journal de manière à enlever toutes les particules qui pourraient rester accrochées. Lavez-la. L'odeur aura disparu.

Friture

Vous désodoriserez sans difficulté la friture dans laquelle vous avez fait cuire du poisson en ajoutant à celle-ci un jus de citron.

Poivrons

Vous éplucherez facilement les poivrons si, après les avoir passés rapidement à la flamme, vous les enveloppez individuellement de papier journal jusqu'à refroidissement complet. Leur peau gonflera et votre tâche s'en trouvera considérablement simplifiée.

Pommes de terre

Les pommes de terre sont de qualité différente : certaines présentent l'inconvénient de noircir à la cuisson.

θ→ Vous pouvez aisément pallier cet inconvénient en ajoutant une cuillerée à soupe de vinaigre à l'eau de cuisson. Elles resteront ainsi parfaitement blanches. Il est à noter que le vinaigre ne leur donnera aucun goût acidulé.

θ→ Les pommes de terre en robe des champs cuiront plus vite si vous les avez préalablement percées, dans le sens de la longueur, avec une aiguille à tricoter.

Potage

Si vous vous apercevez, en dernière minute, que votre potage est trop salé, ne renoncez pas à le servir. Vous avez le choix entre trois solutions.

- Plonger dedans, pendant quelques instants, deux ou trois rondelles de pomme de terre que vous retirerez ensuite. Elles auront absorbé le sel.

- Ajouter un morceau de sucre. Si l'excès de sel n'est pas trop important, le résultat sera également très positif.

- Verser dans la casserole un petit verre de lait cru et y faire tremper une cuillère en argent. Laisser bouillir ainsi à petit feu pendant une dizaine de minutes. N'oubliez pas de retirer la cuillère avant de servir, et goûtez!

Gagnez du temps

Rien de tel qu'un bon potage chaud le soir pour commencer le repas, mais quelle corvée que d'éplucher chaque jour les légumes! Faites-le donc une fois pour toutes (ou presque!) en procédant de la manière suivante :

Épluchez une livre de carottes, une livre de poireaux, une livre d'oignons, 300 grammes de céleri et 300 grammes de persil. Hachez menu tous ces légumes et mélangez-les à une livre de sel. Laissez macérer le tout pendant trois jours dans un grand récipient en prenant la précaution de remuer de temps en temps. Mettez ensuite les légumes dans un bocal hermétiquement clos, cela vous permettra de les garder ainsi pendant 6 à 8 semaines. Lorsque vous voudrez faire votre potage, il vous suffira de mettre un peu de ces légumes dans une casserole remplie d'eau et d'y ajouter quelques pommes de terre. Ne salez pas ce potage puisque les légumes le sont déjà.

Pot-au-feu

Rien de meilleur qu'un bon pot-au-feu quand il fait froid. Ce plat familial présente deux inconvénients : le temps de cuisson est très long et le résultat obtenu pèche souvent par excès de graisse.

Dégraisser le bouillon

La méthode classique pour dégraisser un bouillon de pot-au-feu consiste à se servir d'une écumoire mais le résultat est loin d'être parfait. Essayez plutôt l'un de ces deux procédés :

- Empruntez une feuille de buvard très propre à votre fille ou à votre fils. Posez-la à la surface du bouillon. Le buvard absorbera pratiquement toute la graisse superflue.

- Passez le bouillon dans un chiffon propre que vous aurez préalablement mis au freezer après l'avoir mouillé. Les particules de graisse gèleront immédiatement au contact de ce réfrigérateur improvisé.

Cuisson

- Si, au moment de servir votre pot-au-feu, vous constatez qu'il n'est pas assez cuit, ajoutez une ou deux cuillerées à café d'eau-de-vie. Laissez cuire une ou deux minutes. Retirez du feu et goûtez. Il sera à point.

Poulet

Si vous voulez surprendre vos invités ou votre famille, introduisez à l'intérieur du poulet, avant de le faire cuire, la moitié d'une orange ou d'un citron ainsi que quelques feuilles de sauge. Il en prendra une saveur toute nouvelle.

Radis

θ› Les radis resteront croquants, même si vous les conservez plusieurs jours, en prenant la précaution d'immerger leurs feuilles dans de l'eau froide, les radis eux-mêmes ne devant, à aucun prix, être en contact avec celle-ci. Vous la changerez d'ailleurs quotidiennement comme vous le feriez pour des fleurs.

♈

Restons dans le domaine des fleurs. Les radis s'ouvriront comme elles, si avant de les consommer, vous les faites tremper dans de l'eau salée, après avoir fait une incision en croix à leur sommet.

Raisins secs

Les raisins secs entrent dans la composition de nombreux gâteaux, notamment dans celle des cakes. Pour que le résultat soit bon, deux points importants : les raisins doivent retrouver leur moelleux et ils ne doivent pas tomber au fond de la préparation.

Plus moelleux

θ› La solution classique consiste à les faire tremper dans du rhum mais cela n'est pas toujours du goût des enfants.

θ› Alors, plutôt que de les faire tremper dans de l'eau (ce qui leur fait perdre une partie de leur arôme), enveloppez-les dans un linge humide et laissez-les ainsi pendant toute une nuit. Enduisez-les d'huile avant de les incorporer à votre préparation. Ils garderont leur moelleux et leur goût.

Ils ne tomberont plus au fond du moule

Là encore, deux possibilités avant de les intégrer au gâteau :

- Roulez-les dans du sucre cristallisé.
- Passez-les dans la farine.

Riz

Tout comme les pâtes, le riz est un des éléments de base de notre alimentation. Les différentes sortes de riz vendues maintenant dans le commerce ont pratiquement éliminé l'inconvénient majeur de celui-ci : le riz collant. Il n'en reste pas moins quelques petits problèmes :

Blancheur garantie

- Un riz bien blanc est plus appétissant. Quelques gouttes de jus de citron ajoutées à l'eau de cuisson vous garantiront sa blancheur.

Paella réussie

Le riz ne doit pas coller à la poêle. C'est une condition impérative si vous voulez réussir une paella. Un simple oignon peut vous aider :

- Mettez de l'huile dans la poêle destinée à recevoir la paella. Quand elle est chaude, faites revenir un oignon émincé et laissez-le jusqu'à ce qu'il soit brûlé. Jetez le tout, mais n'essuyez surtout pas la poêle, sinon tout cela n'aurait servi à rien! Vous pourrez, alors, en toute tranquillité, mettre le riz dans la poêle. Il n'accrochera pas.

Rôti

- Quand vous faites un rôti au gril, prenez la précaution de saler le fond de la rôtissoire. Ainsi, la graisse ne regrillera pas en cours de cuisson.

- La plupart des rôtis sont entourés de ficelle. Prenez l'habitude de la retirer cinq minutes avant la fin de la cuisson. Le rôti gonflera et sera plus juteux.

Une idée originale

- Vous obtiendrez un rôti au goût original et qui aura, de plus, l'avantage d'être particulièrement tendre, si vous l'enduisez d'une couche de moutarde deux heures avant de le mettre au four.

Salades

Que ferions-nous si les salades n'existaient pas! Des salades vertes en passant par toutes les crudités, sans oublier les restes, que de possibilités ne nous offrent-elles pas!

Salades vertes

- Ne jetez plus une salade fanée. Préparez-la comme à l'accoutumée et, au lieu de la laver aussitôt dans de l'eau froide, mettez les feuilles dans de l'eau chaude. Vous serez étonnée de constater avec quelle rapidité elles redeviendront fermes et craquantes. Faites-leur prendre alors de nouveau un bain d'eau froide et assaisonnez.

Un peu de fantaisie

- Votre salade verte aura un délicieux goût de noix si vous ajoutez une pointe de curry en poudre dans la sauce vinaigrette.

Vous ajoutez bien des herbes à votre laitue, pourquoi pas une petite feuille de menthe? Le résultat est délicieux.

Crudités

Faites macérer le *radis noir* pendant 2 heures dans du sel avant de l'assaisonner. Le goût en sera moins fort.

♈

Si vous faites une *salade de chou,* sachez qu'elle sera bien meilleure après avoir mariné pendant deux ou trois heures dans la sauce vinaigrette.

♉

Nous retrouvons encore le citron! Si vous arrosez de son jus le *céleri-rave* aussitôt râpé, celui-ci restera parfaitement blanc.

♊

Osez les mélanges mais pas n'importe comment! Ainsi la *betterave rouge,* délicieuse avec le céleri-rave, les carottes ou la mâche (entre autres), ne doit être ajoutée qu'au dernier moment. Sinon elle déteint sur le reste en colorant le tout de rouge.

♋

POUR MÉMOIRE : préférez le jus de citron au vinaigre pour l'assaisonnement des *carottes râpées.* Elles seront bien meilleures.

♌

La *salade de fenouil* sera plus digeste si vous la faites blanchir environ 1/4 d'heure à l'eau bouillante avant de l'assaisonner.

♍

Abandonnez la sauce vinaigrette lorsque vous faites une *salade de crustacés.* Préférez-lui plutôt un mélange du genre mayonnaise, whisky et concentré de tomate. Cela vous prendra peu de temps et votre salade aura un petit air de fête.

Salade de pommes de terre

Elle sera succulente et moelleuse si vous faites tremper quelques instants les rondelles de pommes de terre dans un peu de vin blanc avant de les assaisonner.

Si vous avez la main forte

Ne risquez pas les aigreurs d'estomac en mangeant une salade trop vinaigrée. Faites une grosse boulette de mie de pain, intégrez-la à votre salade. Elle absorbera rapidement toute la sauce et vous n'aurez plus qu'à faire une nouvelle vinaigrette, en faisant attention cette fois aux dosages.

Sauces

Si vous vous apercevez au dernier moment que vous n'avez plus de vin blanc pour faire une sauce, diluez du vinaigre de vin dans un peu d'eau et ajoutez deux morceaux de sucre.

♈

Vous éviterez les grumeaux dans les sauces à base de farine si, au lieu d'utiliser une cuillère en bois, vous prenez une fourchette, au bout de laquelle vous avez piqué une pomme de terre crue épluchée.

♉

Un morceau de sucre et une cuillerée à café de moutarde blanche, ajoutés à une sauce tomate, lui donneront un goût agréablement épicé.

♊

POUR MÉMOIRE : Une cuillerée de sucre en poudre, délayée dans la sauce d'un plat trop salé, vous permettra de le servir à table sans problèmes.

Saucisses

Quand vous faites une potée, de la choucroute ou du cassoulet, vous n'avez pas envie de les servir avec des saucisses éclatées.

θ→ Cela ne se produira plus si vous les plongez quelques instants dans l'eau bouillante avant d'en garnir votre plat.

Saucisson

Saucisson moisi

Si du moisi s'est formé sur la croûte du saucisson :

θ→ Frottez celle-ci avec un linge trempé dans une pâte liquide faite d'eau et de sel. Toute trace de moisi disparaîtra et le saucisson reprendra son aspect appétissant.

Saucisson entamé

θ→ Un saucisson entamé se dessèche. Cela ne se produira plus et vous pourrez le conserver pendant plusieurs jours si vous enduisez la partie entamée d'un peu de saindoux, de margarine ou de beurre, ou encore si vous maintenez en contact avec cette partie, une rondelle de citron.

Enlever la peau

Si vous voulez ne plus vous battre avec la peau récalcitrante d'un saucisson sec, roulez celui-ci pendant un petit quart d'heure dans un linge mouillé et essoré.

Sel

Ne vous acharnez plus à secouer votre salière. Si le sel refuse de couler, l'humidité en est la cause. Quelques grains de riz l'absorberont surtout si vous les renouvelez souvent.

♈

Le sel ne fond pas dans l'huile. Par conséquent, pour faire votre vinaigrette, faites-le dissoudre dans le vinaigre avant de le mélanger à l'huile.

Soufflés

L'angoisse, lorsqu'on fait un soufflé, c'est de le voir retomber avant qu'on ait eu le temps de le servir.

Plus de course contre la montre si vous posez à sa surface, avant de l'enfourner, quelques fines lamelles de gruyère.

♈

La saveur de votre soufflé au citron sera améliorée si, avant de mettre les morceaux de sucre dans le lait, vous les frottez sur la peau du citron.

Sucre vanillé

Nous redécouvrons, et c'est heureux, la vertu des produits naturels. Voici comment avoir toujours à disposition du sucre vanillé naturel :

ϑ› Coupez en petits morceaux un bâton de vanille très odorant. Mettez-les dans 200 grammes de sucre semoule et laissez reposer. Au bout de trois semaines, le sucre aura pris l'odeur de la vanille. Vous aurez ainsi du sucre vanillé fait maison.

Terrine

ϑ› Vous saurez qu'une terrine est cuite lorsque, après y avoir enfoncé profondément une lame de couteau, elle en ressortira très sèche.

Thé

Faites du bon thé

Le thé n'est plus l'apanage de nos amis d'Outre-Manche et, en ces temps où le café coûte si cher, il est bon de se souvenir qu'il est bien plus avantageux que celui-ci. Je vous rappelle que, de plus, il est digestif, légèrement excitant (grâce à une faible proportion de caféine) et diurétique.

♈

Ne laissez pas un paquet de thé entamé dans son enveloppe de papier, mettez-le dans une boîte en fer ou un pot qui ferme parfaitement. Il gardera ainsi plus longtemps ses qualités.

Comment le préparer?

ϑ› La théière doit être chaude, aussi faut-il l'ébouillanter avant de mettre le thé dedans.

➾ Il vous faut compter à peu près (cela varie avec la catégorie du thé) une petite cuillerée de thé par tasse.

➾ Ne laissez pas bouillir l'eau. Elle doit être versée sur le thé juste au moment de l'ébullition.

➾ Pour obtenir un bon thé, ne le laissez pas infuser trop longtemps : trois à quatre minutes suffisent. Servez-le aussitôt.

➾ Un sucre placé dans une théière que vous n'utilisez pas souvent l'empêchera de prendre une odeur de renfermé.

Tisanes

Les vertus des plantes ne sont plus à vanter, mais pour en tirer le maximum de profit, encore faut-il connaître quelques règles qui, respectées, permettent d'obtenir d'excellentes tisanes.

Principes de base

Il faut utiliser de l'eau très pure, respecter les doses prescrites et boire la tisane aussitôt après l'avoir préparée. Il est également indispensable d'adapter le mode de préparation à la plante. Pour cela, trois possibilités : les décoctions, les macérations et les infusions.

Les décoctions

Recommandées surtout pour les plantes, les tiges et les racines qui ne craignent pas l'ébullition.

➾ Immergez les plantes dans de l'eau froide, couvrez, portez à ébullition, et laissez ensuite bouillir à petit feu. Laissez reposer quelques instants hors du feu, puis passez.

Les macérations

On n'utilise pas l'eau pour les macérations, mais du vin, du vinaigre, de l'huile ou de l'alcool.

ϑ› Le principe en est simple : laissez tremper les plantes dans le vin froid (par exemple), pendant quelques heures ou quelques jours selon la plante choisie, puis filtrez.

Les infusions

Recommandées pour les plantes et les fleurs qui ne supportent pas l'ébullition.

ϑ› Versez de l'eau bouillante sur la plante choisie, laissez infuser et passez.

Tomates

Que ferions-nous sans elles? Crues, en salade ou cuites, c'est certainement l'un des fruits les plus indispensables, d'autant qu'il fait, la plupart du temps, office de légume!

Épluchage

Deux solutions aux choix :

ϑ› Les plonger quelques secondes dans l'eau bouillante.

ϑ› Froisser la peau en passant, sur toute sa surface, le dos de la lame d'un couteau. Cela aura pour effet de décoller la peau, donc de vous faciliter la tâche.

Comment les faire mûrir?

Si vous avez acheté des tomates trop fermes, enveloppez-les dans du papier journal et laissez-les ainsi, pendant deux à trois jours.

Veau

Les paupiettes

Mises en dérision sur un air de musique, elles se vengent en étant appréciées par les gourmets. Elles le seront encore plus si vous placez entre l'escalope et la tranche de jambon une lamelle de gruyère et un hachis d'herbes.

Sauté

Il gagnera en moelleux si vous ajoutez, en cours de cuisson, un demi-verre de bière.

Escalopes

Elles ne se recroquevilleront plus à la cuisson, si vous pratiquez sur tout leur pourtour de petites entailles.

Viande hachée

Une idée qui n'a l'air de rien mais qui change tout :

⊕→ Plutôt qu'un jaune d'œuf, ajoutez une goutte d'huile à vos boulettes de viande hachée. C'est plus économique et cela leur évitera de durcir à la cuisson.

L'ENTRETIEN

Acrylique

L'acrylique envahit de plus en plus notre vie et, si vous lisez avec attention la petite étiquette mentionnant la composition des pull-overs ou des cardigans que vous achetez, vous constaterez combien il est fréquent de voir figurer un pourcentage d'acrylique dans leur composition. Certes, ces tricots se laveront plus facilement et sècheront plus vite, mais ils ont toutes les chances de « boulocher » au bout d'un certain temps.

⊕ Brossez vigoureusement à sec avec une brosse dure en nylon. Les petites boules ne résisteront pas.

Albâtre

L'albâtre est un marbre tendre et apprécié pour sa transparence et son reflet un peu froid.
Il a, hélas, une fâcheuse tendance à jaunir et, pour peu qu'on ne sache pas le nettoyer, il devient crayeux, perdant ainsi tout ce qui en fait le charme.
Vous ne courrez plus ce risque avec vos pieds de lampe ou vos bibelots en albâtre si vous savez l'entretenir.

Brossez-le avec une brosse douce afin d'éliminer la poussière.
– Avec un chiffon propre imbibé d'essence de térébenthine, nettoyez-en toute la surface en procédant par gestes lents et réguliers.
– Laissez sécher. Il est maintenant obligatoire de le polir. Utilisez pour cela du blanc d'Espagne bien sec ou du talc, ou encore du plâtre à modeler. Ce polissage doit être effectué à la peau de chamois.

Aluminium

Mélangez un peu d'huile et quelques gouttes d'alcool à brûler et passez ce mélange sur vos plats ou vos casseroles en aluminium. C'est idéal pour les faire reluire.

Argenterie

Quoi de plus agréable qu'une table dressée avec des couverts en argent, clairs et brillants? Oui, mais quelle corvée le jour où il faut « faire l'argenterie »!
Voilà des trucs, plusieurs trucs qui vous aideront à avoir une argenterie éclatante, sans bourse délier et sans vous épuiser. Ils sont tous efficaces; essayez-les!

Mieux vaut prévenir que guérir

Nos grand-mères déposaient toujours près de leurs bibelots en argenterie une boule de camphre : ainsi la corvée d'astiquage ne s'imposait guère plus d'une fois par an!

♈

Si vous êtes sceptique ou si vous redoutez l'odeur du camphre, essuyez une ou deux fois par semaine vos objets en argent avec un chiffon imbibé d'alcool à brûler. Cette petite contrainte hebdomadaire est peu de chose et vous ne regretterez pas de vous y être pliée.

Entretien courant

Une astuce très ancienne qui a donc le mérite d'avoir fait ses preuves :

Versez un peu de fécule de pomme de terre sur un chiffon de laine et frottez votre argenterie avec. Vous serez étonnée du résultat.

♈

Toujours avec des pommes de terre : lorsque vous en avez fait bouillir, ne jetez pas leur eau de cuisson, vous allez en avoir besoin. Faites tremper vos couverts dans cette eau pendant quelques heures, rincez-les et essuyez-les. Ils auront retrouvé leur brillant.

♉

Le nettoyage des petits objets en argenterie est encore plus délicat et plus fastidieux si l'on procède d'une manière classique.
Par contre, si vous les mettez à bouillir quelques instants dans la cocotte-minute en ayant pris soin de tapisser celle-ci de papier d'aluminium (pour ne pas qu'ils se rayent), le tour sera joué dans un minimum de temps.

Si vous êtes fumeur!

Mélangez du jus de citron et de la cendre de cigarette, prenez un chiffon et frottez votre argenterie avec le mélange ainsi obtenu. Rincez, essuyez et regardez.

Contre les taches de jaune d'œuf

Le jaune d'œuf est certainement l'un des aliments les plus

rebelles quand il s'accroche aux couverts en argent ou en métal argenté. Une solution pour en venir à bout :

θ→ Frottez les couverts avec un citron coupé en deux ou avec une pomme de terre cuite à l'eau. Rincez à l'eau froide et essuyez.

Puisque nous parlons des œufs, vous n'avez pas été sans remarquer qu'ils communiquent aux couverts en argent une odeur tenace et désagréable :

θ→ Pour la dissiper, ajoutez de l'ammoniaque à l'eau de rinçage de votre vaisselle.

Argenterie piquée

Si des taches de vert-de-gris apparaissent sur votre argenterie :

θ→ Lavez-la avec du vinaigre chaud. Rincez et essuyez. Les traces de « piqué » auront disparu.

Une règle d'or

Enveloppez l'argenterie dont vous ne vous servez pas quotidiennement.

θ→ Fabriquez-vous pour cela des sacs en feutrine noire, ou encore enveloppez vos couverts dans du papier d'aluminium ou des sacs en plastique de couleur foncée de préférence.

Argent terni

θ→ Pour rendre son éclat à de l'argent terni, le remède est simple puisqu'il suffit de brosser avec de l'eau savonneuse, de rincer et de faire briller à la peau de chamois.

Patine à l'ancienne

θ→ Badigeonnez avec de l'eau de Javel l'objet en argent auquel vous désirez donner un aspect patiné. Vous consta-

terez qu'il deviendra noir relativement vite, surtout dans les creux.
– Vous n'aurez plus qu'à le polir superficiellement avec le produit que vous utilisez habituellement pour nettoyer l'argent afin d'aviver les reliefs et de faire briller les endroits souhaités.
Vos amis s'y tromperont tant la patine ainsi obtenue semblera due au temps.

Bambou

Le bambou est à la mode. On en fait des lits, des petites armoires, des tables... On le trouve sous toutes les formes.
Décoratif, léger, pas trop onéreux, on comprend aisément les raisons de son succès, mais encore faut-il savoir comment l'entretenir :

Quotidiennement

→ Dépoussiérez-le avec une brosse ou avec votre aspirateur.

Périodiquement

Il est nécessaire de le nettoyer en profondeur afin de lui redonner une nouvelle jeunesse.
Vous avez le choix entre deux procédés :

→ Brossez le bambou avec de l'eau chaude additionnée d'un peu de lessive (qui ne mousse pas de préférence) et de quelques gouttes d'ammoniaque. Rincez avec l'éponge et laissez sécher. Frottez ensuite avec un tissu imprégné de quelques gouttes d'huile de lin. Il ne vous restera plus qu'à faire briller avec un chiffon.

→ Mélangez 1 litre d'eau chaude, 1 cuillerée à soupe

d'essence de térébenthine et 3 cuillerées à soupe d'huile de lin.
– Nettoyez le meuble en bambou avec cette solution en prenant garde que l'eau soit toujours suffisamment chaude. Faites-la réchauffer en cours de nettoyage si elle ne l'est plus assez.

REMARQUE : Ces deux trucs sont valables pour le bambou naturel. Pour le bambou verni, il vous suffit de passer un chiffon imprégné d'un produit antistatique en vente dans les drogueries.

Bijoux

On trouve de plus en plus de bijoux fantaisie très jolis et à des prix abordables... Mais ces bijoux sont fragiles. Voici quelques trucs qui vous permettront de les porter sans problème et de leur assurer longue vie. Si vous avez de vrais bijoux, ceci vous intéresse aussi.

Bijoux fantaisie

S'ils noircissent la peau ou vos vêtements :

θ→ Après les avoir nettoyés avec du jus de citron, passez du vernis incolore sur la partie qui déteint.

θ→ Le vernis à ongles sera précieux également si une pierre s'est décollée (les pierres des bijoux fantaisie sont rarement serties). Une goutte de vernis et vous pouvez être assurée que pareille aventure ne se reproduira plus, à moins que vous ne renversiez votre flacon de dissolvant dessus!

θ→ Enfin, pour le nettoyage de vos bijoux fantaisie, on n'a encore rien trouvé de mieux que l'eau savonneuse.

Bijoux en or ou en argent

En or

→ Pour leur redonner tout leur éclat lorsque vous êtes pressée (au moment de sortir par exemple) : frottez-les avec de la mie de pain.

→ Si vraiment vous les trouvez trop ternes, c'est le signe qu'un bon nettoyage leur est indispensable. Frottez-les alors doucement avec une eau savonneuse bien chaude additionnée d'un peu d'ammoniaque. Servez-vous pour cela d'une vieille brosse à dents, c'est très efficace.

En argent

→ Pour les nettoyer, vous pouvez remplacer l'eau savonneuse par du jus de citron. C'est également très efficace. Après les avoir rincés à l'eau chaude, vous n'aurez plus qu'à les faire briller à la peau de chamois.

Bois ciré

Vous avez posé un plat trop chaud sur une table en bois ciré et vous vous en voulez terriblement.

→ Recouvrez la marque laissée par le plat d'un mélange d'huile et de sel. Attendez 3 ou 4 heures, puis frottez avec un mélange d'huile et de pétrole (en parties égales). Le mal sera réparé!

Bois verni

Le bois verni retrouvera son éclat si vous passez dessus un chiffon de laine imbibé d'un mélange d'alcool à brûler et d'huile de lin (en parties égales).

Boîtes en plastique

Les saladiers, pots, boîtes et autres articles de ménage en matière plastique rendent de multiples services. Les problèmes commencent au moment de les nettoyer surtout si vous les passez directement sous l'eau.
Si vous respectez les étapes suivantes, vous les dégraisserez facilement :
– Essuyez-les avec un papier absorbant.
– Essuyez-les de nouveau avec un torchon sec.
– Saupoudrez un peu de talc et, pour finir, essuyez bien avec un torchon sec.
– Vous pouvez, à ce moment-là, les passer à l'eau savonneuse.

Bronze

Cela peut être l'un des charmes du bronze que d'être terni, mais point trop n'en faut! Alors, si vraiment votre chandelier a dépassé les limites que vous lui accordez et que vous vouliez lui redonner son brillant, je vous propose différents trucs :

Diluez quelques gouttes d'ammoniaque dans un peu d'eau tiède et nettoyez votre bronze avec le mélange obtenu. Rincez ensuite, toujours à l'eau tiède, et frottez avec un chiffon doux pour faire briller.

Ou, si vous préférez, utilisez le jus d'un citron dans lequel vous tremperez une vieille brosse (une brosse à ongles ou à dents fera très bien l'affaire). A vous de brosser l'objet uniformément, puis de rincer et de faire briller.

Vert-de-gris

Si le vert-de-gris s'en est pris à votre bronze, il faut absolument le faire disparaître.

🡒 Faites fondre un peu de sel dans du vinaigre d'alcool et brossez. Le vert-de-gris ne devrait pas résister à un tel traitement.

Boursouflures

De petites boursouflures sont venues fleurir sur votre chandelier.

🡒 Frottez-les avec de la laine d'acier très fine.

Brosses

Nous nous servons de brosses dans maintes circonstances : brosses à cheveux, brosses à habits, brosses à chaussures. Toutes ces brosses seront efficaces si vous les maintenez dans un parfait état de propreté.

Brosses à cheveux

Ce sont peut-être celles qui se salissent le plus vite.

🡒 Plongez-les, ainsi que vos peignes d'ailleurs, pendant 1/4 d'heure environ dans de l'eau tiède à laquelle vous aurez ajouté une cuillerée à soupe d'ammoniaque par litre d'eau. Après ce bain d'eau ammoniaquée, vous n'aurez plus qu'à les rincer et à les laisser sécher.

🡒 Si vous jugez que vos brosses sont devenues trop souples, sachez qu'un bain dans une eau vinaigrée leur rendra toute leur fermeté.

Brosses à habits

En ce qui les concerne, le remède est simple :

🡒 Lavez-les avec de l'eau savonneuse. Mais que cela ne vous empêche pas de les nettoyer en passant régulièrement un peigne (en métal de préférence) dans les poils.

Brosses à chaussures

Les brosses à chaussures sont certainement celles dont le nettoyage est le plus délicat.
La méthode la plus classique consiste à les faire tremper dans une bassine d'eau savonneuse. Certes, vos brosses à chaussures en ressortiront propres, mais pas votre bassine. Alors, que faire? Un truc simple :

θ› Remplissez d'eau savonneuse un sac en plastique solide (style sac à coton hydrophile) et laissez tremper vos brosses à chaussures quelques heures à l'intérieur. Vous verrez : c'est tout aussi efficace et vous n'aurez plus qu'à vider l'eau et à jeter le sac en fin d'opération.

Brûleurs de cuisinière

Si les brûleurs de votre cuisinière sont devenus noirs, ne vous épuisez pas à les brosser.

θ› Frottez-les régulièrement avec du vinaigre de vin.

θ› S'ils sont vraiment très sales, laissez-les tremper pendant quelques heures, toujours dans du vinaigre de vin. Après un coup d'éponge, vous les retrouverez parfaitement propres.

Carrosserie

Si votre mari est amoureux de sa voiture et passe une partie du week-end à en faire briller la carrosserie, donnez-lui le truc suivant :

θ› Faire un mélange de 9/10 d'huile de vaseline et 1/10 d'alcool à brûler dans un petit flacon. L'agiter et passer le produit obtenu sur la carrosserie après l'avoir lavée et séchée. Polir ensuite avec un chiffon doux et sec. Résultat éclatant!

Cartes à jouer

Si des traces de doigts ornent vos cartes à jouer ou si elles sont tout simplement usagées, une astuce pour leur redonner l'aspect du neuf.

θ→ Saupoudrez-les de talc et secouez-les. Le talc absorbera les traces laissées par les doigts et les rendra de nouveau glissantes.

Casseroles

Elles « accrochent », elles noircissent, y compris la dernière-née d'entre elles, la cocotte-minute. Heureusement, les remèdes existent!

Cocotte-minute

Elle noircit lorsqu'on fait cuire des légumes à la vapeur.

θ→ Si vous ajoutez quelques gouttes de citron en cours de cuisson, cela ne se produira plus.

Casseroles classiques

Vos casseroles en aluminium, noircies par une cuisson quelconque, retrouveront leur blancheur après que vous y aurez fait bouillir des zestes de citron. Faites-les alors briller avec votre produit à vaisselle habituel.

♈

Si ce que vous laissiez mijoter sur le feu a accroché dans le fond de la casserole, la solution la plus simple consiste à remplir celle-ci d'eau et à laisser tremper. Mais cela ne suffit pas toujours.

♉

Il vous reste alors trois possibilités :

- Faire bouillir dans la casserole de l'eau additionnée d'eau de Javel.
- Faire bouillir dans de l'eau de la cendre de bois.
- Saupoudrer de sel le fond de la casserole et laisser reposer 1 ou 2 heures avant de laver.

Casserole ou bouilloire entartrée

Faites bouillir dedans pendant une dizaine de minutes de l'eau additionnée de quelques gouttes de vinaigre.

Chaussures

Pour garder longtemps vos chaussures, le principe est le même que pour les vêtements. Ne les portez pas continuellement. Laissez-les reposer et tendez-les alors sur des embauchoirs. Si vous n'en avez pas, bourrez-les de papier journal. Elles garderont ainsi leur forme et ne prendront pas de plis.

Entretien courant

Cirez-les régulièrement. Cela ressemble à une lapalissade mais, dans la vie courante, il n'est pas certain que vous preniez le temps de le faire quotidiennement. C'est pourtant indispensable. Le cuir a besoin d'être nourri.

♈

Vous pouvez également, de temps en temps, les frotter avec un chiffon imbibé d'essence de térébenthine, puis avec un tampon imprégné de glycérine. Après avoir laissé sécher, passez un chiffon de laine. Cette opération leur donnera non seulement du brillant mais assouplira le cuir.

Taches en tout genre

Elles disparaîtront si vous les frottez avec un chiffon imbibé d'essence.

Eau

Ces taches sont fréquentes, soit parce que les chaussures ont reçu la pluie soit parce que les enfants, en dépit de vos mises en garde, n'ont jamais su résister à l'attrait d'une flaque d'eau.

➻ Un seul remède dans les deux cas : la vaseline. Mais, attention, elle ne doit être appliquée que sur du cuir sec. Faites-les donc sécher, bourrées de papier journal froissé, *loin d'une source de chaleur*, avant de les enduire de vaseline pure. Faites-la bien pénétrer dans le cuir. Attendez plusieurs heures, essuyez, puis cirez normalement.

Sur les chaussures de cuir brun

➻ La méthode la plus classique pour éliminer les taches sur du cuir brun consiste à utiliser un tampon imprégné d'alcool à brûler.
Mais il en est une autre tout aussi efficace et plus originale :

➻ Frottez-les avec l'intérieur de peaux de banane et cirez-les ensuite.

Chaussures vernies

Elles retrouveront leur éclat si vous passez dessus un chiffon imprégné de jus de citron. Cela est d'ailleurs valable également pour les sacs en vernis.

Chaussures de sport

Les enfants et même les adultes portent de plus en plus de chaussures de sport blanches. Afin que celles-ci soient parfaitement nettes, il faut de temps en temps les débarrasser du produit qui les blanchit, mais aussi (il faut bien le reconnaître) les encrasse! Pour ce faire, frottez-les à la benzine avec une vieille brosse à dents. Laissez bien sécher et appliquez ensuite le produit de votre choix.

Cheminée

Si vous avez la chance d'avoir une cheminée chez vous, prenez-en grand soin car vous faites des envieux.

Si le marbre de votre cheminée est taché : frottez la tache avec un tampon de fine laine d'acier au savon. Si cette tache ne part pas à l'eau, rincez, laissez sécher et cirez avec de la cire blanche.

Les vapeurs de suie ternissent les cheminées en briques. Frottez-les avec une éponge humide imprégnée de poudre de pierre ponce fine et cirez-les comme pour le marbre, avec une cire blanche.

Cirage

Il arrive fréquemment qu'au retour des vacances, on ait la mauvaise surprise, en ouvrant une boîte de cirage, de trouver celui-ci sec et donc difficilement utilisable. Ne le jetez pas. Quelques gouttes de pétrole, d'essence de térébenthine ou de lait au fond de la boîte de cirage desséché lui rendront son onctuosité.

Couteaux

Si la lame d'un de vos couteaux est couverte de rouille :

θ› Coupez un oignon en deux et passez-le dans du sucre en poudre. Frottez-le ensuite énergiquement sur la lame du couteau.

Cristal

Une règle d'or : ne jamais utiliser de poudre à récurer pour nettoyer le cristal. Le résultat serait déplorable.

Éliminer le calcaire

Mélangez du gros sel et du vinaigre à votre produit à vaisselle habituel et rincez normalement.

Pour qu'il brille de tous ses feux

Vous avez plusieurs solutions :

θ› Ajouter un peu de vinaigre à votre eau de rinçage.

θ› Laver les objets de cristal dans de l'eau chaude additionnée de quelques gouttes d'ammoniaque.

θ› Nettoyer, de temps en temps, vos bibelots et vos lustres avec un peu d'alcool à 90°.

Crocodile

Pour entretenir votre sac à main en crocodile ou en lézard, appliquez un peu d'huile d'amande, puis polissez avec un chiffon doux.

Cuivre

« Faire les cuivres », c'est un peu comme « faire l'argenterie »; cela n'a rien d'une partie de plaisir. Pourtant, il existe de nombreuses astuces pour vous faciliter la tâche.

D'une manière générale

Après avoir nettoyé les cuivres avec votre produit habituel, vous devez forcément les essuyer avec un chiffon. C'est d'ailleurs à ce moment que commence réellement le côté astreignant du travail. Cela pour deux raisons : c'est fatigant et cela salit quantité de chiffons qu'il faut alors ou bien jeter ou bien laver.
Conclusion logique : éliminer cette phase-là. Voici comment :

θ› Après avoir passé votre produit sur les cuivres, plongez l'objet dans de l'eau de lessive chaude. Vous constaterez que le précipité noir se dissoudra instantanément. Rincez, essuyez et faites briller.

θ› Sachez également qu'un oignon ou un demi-citron saupoudré de sel fin peuvent fort bien remplacer les produits destinés au nettoyage des cuivres.

Un mélange miracle

Le sel et le vinaigre font merveille pour l'entretien des cuivres :

θ› Pour les cuivres légèrement oxydés, contentez-vous d'humecter généreusement de vinaigre, de vin ou d'alcool, un peu de gros sel et brossez (avec une vieille brosse à dents).

θ› Si vous faites bouillir ensemble vinaigre et gros sel, vous augmenterez l'efficacité du mélange et pourrez faire disparaître les taches de vert-de-gris.

Ce même mélange vous sera également de la plus grande utilité pour venir à bout d'un objet en cuivre découvert en « chinant » et dont l'état de saleté vous fait douter de votre acquisition.
Si l'objet est petit, n'hésitez pas à plonger complètement dans ce bain : vinaigre chaud + sel.
Dans tous les cas, faites briller en polissant.

Ne jetez pas vos vieux journaux!

Ils vous serviront à faire les cuivres à la façon d'autrefois.
Le principe est simple :
Vous passez du sable fin ou votre produit habituel sur vos casseroles ou vos chaudrons. Vous les frottez ensuite avec une moitié de citron. C'est là que vous allez avoir besoin des vieux journaux puisque après les avoir froissés, serrés, frottez vos cuivres avec ceux-ci. Ils brilleront sans problème. Et, là encore, vous économiserez des chiffons.

Daim

Qui n'a pas hésité devant l'achat d'un vêtement en daim, par crainte de sa fragilité? Oui, c'est vrai, le daim demande beaucoup de soins, mais c'est si beau!

Taches superficielles

On vend dans le commerce des brosses en crêpe destinées à cet usage, mais vous obtiendrez les mêmes résultats en vous servant d'une gomme (blanche de préférence).

Col ou bord des manches

Ce sont les parties du vêtement qui se salissent le plus vite. En agissant avec délicatesse et en ne le faisant pas trop souvent, vous pouvez avoir recours au procédé suivant :

θ→ Frottez les endroits encrassés avec une toile émeri très fine.

Taches de graisse

Surtout, n'utilisez pas votre détachant habituel!

θ→ Étalez plutôt du talc ou de la terre de Sommières. Laissez en contact plusieurs heures et brossez ensuite.

Dentelles

Les dentelles reviennent à la mode. Modernes ou anciennes, faites à la main ou à la machine, elles doivent être traitées avec toutes les précautions qui leur sont dues.

D'une manière générale

Vous ne devez jamais frotter ou tordre des dentelles. En conséquence, même si celles que vous voulez laver ne sont pas d'une fragilité extrême, plongez-les dans l'eau savonneuse et, après les avoir bien rincées, contentez-vous de les presser dans vos mains. Ne les faites surtout pas sécher en les suspendant, mais étalez-les plutôt sur une serviette éponge.

Dentelles anciennes

S'il s'agit de dentelles particulièrement délicates et précieuses, voici la marche à suivre :

θ→ Cousez la dentelle (à grands points) à plat sur un morceau de tissu (chiffon propre, torchon, morceau de drap... Enfermez le tout dans un sac de tissu ou, si vous n'en avez pas, dans une taie d'oreiller.
– Mettez l'ensemble à tremper dans de l'eau savonneuse. Laissez ainsi plus ou moins longtemps, selon l'état de la dentelle.

– Rincez, sortez la dentelle de son sac et laissez-la à plat, toujours cousue sur le morceau de tissu.
– Ne décousez que lorsque le tout est parfaitement sec. Votre dentelle ne sera absolument pas déformée.

Dentelles noires

Vous savez que le café noir est très efficace pour délustrer et raviver un tissu noir; il peut vous rendre les mêmes services pour la dentelle, surtout si vous lui ajoutez du sucre qui a, lui, la qualité d'empeser.

→ Faites donc prendre un bain de café sucré aux dentelles noires, elles ne s'en porteront que mieux.

Ébène

Le temps ternit l'ébène; or un objet en ébène n'est beau que s'il garde son brillant.

→ Pour cela, frottez-le de temps en temps avec un chiffon légèrement imprégné d'huile de lin.

Écaille

Il existe de très nombreux objets en écaille, notamment les accessoires des nécessaires de toilette (peignes, brosses...). Le temps ternit et salit l'écaille. Comme il s'agit là d'une matière vivante, il faut être vigilante quant au produit utilisé pour le nettoyer.

→ Si le mal n'est pas grave, un peu d'eau savonneuse doit suffire, mais surtout, après avoir rincé, ne laissez pas sécher, essuyez aussitôt.

→ Par contre, si l'écaille est vraiment très encrassée,

nettoyez l'objet concerné avec une eau légèrement javellisée et rincez abondamment. Même recommandation que plus haut, séchez immédiatement.

– Faites ensuite briller avec un linge doux. Choisissez une flanelle, ou mieux une peau de chamois, imprégnée d'une matière grasse (vaseline, huile ou glycérine, par exemple).

Étain

Les étains authentiques deviennent de plus en plus rares, mais qu'ils soient réellement anciens ou pas, ils ne gagnent pas à être trop brillants, la patine leur sied mieux; mais ne confondez pas patine et manque de propreté. Il est possible de les nettoyer tout en préservant leur cachet.

θ→ Si l'étain n'est sale que superficiellement, l'eau savonneuse sera sans doute suffisante. Brossez en vous servant d'une brosse à dents.

θ→ Si le mal est plus grave, battez un blanc d'œuf en neige et incorporez à ce blanc d'œuf deux cuillères à soupe d'eau de Javel. Imprégnez un chiffon doux de ce mélange et frottez doucement l'étain. Laissez sécher et frottez ensuite avec un peu de vaseline. Terminez en lustrant avec un chiffon doux.

Redonnez-lui du brillant

Le procédé est simple, efficace et surprenant :

θ→ Ne jetez pas la partie verte des poireaux. Frottez-en vos étains et vous verrez qu'ils retrouveront leur brillant.

ATTENTION : Avant d'utiliser un pichet en étain pour y mettre du vin, vérifiez le pourcentage d'étain indiqué dans le poinçon. Si celui-ci est inférieur à 95 %, vous pouvez en déduire qu'il y a un excès de cuivre et de plomb, qui risque d'altérer le contenu du pichet.

Évier

Rien n'est plus désagréable qu'un évier « douteux » mais, rassurez-vous, il n'est pas difficile de lui rendre son éclat.

Évier en émail

Les éviers en émail ont deux ennemis : le calcaire et les traces jaunes qui se forment, on ne sait pas trop pourquoi.

θ→ Le vinaigre d'alcool très chaud dissoudra sans problème les taches de calcaire.

θ→ Une solution d'eau additionnée d'ammoniaque fera disparaître ces fameuses traces jaunes.

Évier en inox

Deux gouttes d'huile de machine à coudre sur un tampon de coton lui rendront son brillant.

Fauteuil

Si vous avez chez vous à la fois un fauteuil en cuir et un chat, il y a de fortes chances pour que vous vous retrouviez d'ici peu avec un fauteuil griffé. Vous ne pouvez pas réparer le mal complètement, mais vous pouvez l'amoindrir :

θ→ Lavez avec soin l'endroit abîmé avec de l'eau savonneuse. Passez ensuite un peu de brou de noix ou du colorant assorti au cuir. Recouvrez d'un peu de gomme arabique et laissez sécher. Astiquez.

Fer à repasser

Pour qu'un fer à repasser remplisse bien sa fonction, il est indispensable que la semelle en soit parfaitement lisse. Si la vôtre accroche un peu, n'attendez plus pour adopter l'une de ces trois solutions :

θ› Passez un morceau de savon sec sur la semelle du fer lorsqu'il est chaud et repassez ensuite une feuille de papier journal.

θ› Grattez un peu de bougie ou coupez-en quelques fines rondelles. Placez ces morceaux de bougie entre deux tissus (du vieux lainage de préférence). Repassez le tout au fer chaud et passez aussitôt celui-ci sur un morceau de tissu propre. Le fer glissera de nouveau.

θ› Grattez de temps en temps, doucement, la semelle avec une toile émeri très fine recouverte d'un linge.

Semelle jaunie

Là encore, nous retrouvons le citron – puisqu'une rondelle passée sur la semelle, encore tiède, la décapera parfaitement.

Fer à vapeur

Toutes les femmes qui possèdent un fer à vapeur s'en félicitent, tellement le repassage s'en trouve facilité.
Mais, à chaque avantage ses inconvénients. L'un de ceux-ci est le prix de revient de l'eau distillée indispensable au bon fonctionnement des fers à vapeur.
Vous pouvez éviter cet achat en choisissant l'une de ces trois solutions de remplacement :

θ› Récupérez l'eau de dégivrage de votre réfrigérateur. Une fois passée à travers un filtre, elle conviendra très bien à votre fer.

θ→ Une eau de pluie filtrée peut être également utilisée.

θ→ Faites bouillir de l'eau pendant environ une demi-heure. Laissez-la bien refroidir afin que le calcaire se dépose au fond de la casserole. Une fois passée, vous aurez une réserve d'eau à disposition.

REMARQUE : Si vous avez un adoucisseur d'eau, vous pouvez utiliser celle du robinet.

Fer entartré

Vous avez pris connaissance trop tard des conseils précédents et votre fer commence à s'entartrer. Il n'est pas trop tard pour intervenir.

θ→ A la place de l'eau, versez du vinaigre d'alcool dans votre fer et laissez-le chauffer jusqu'à complète évaporation de ce vinaigre. Emplissez-le ensuite d'eau douce et laissez-la également s'évaporer. Votre fer sera détartré et vous pourrez de nouveau vous en servir sans problème.

Nettoyage de la semelle

Les trous de la semelle du fer à vapeur ont également besoin d'être nettoyés.

θ→ Si votre mari fume la pipe, empruntez-lui un cure-pipe, imprégnez-le d'eau savonneuse très concentrée et introduisez-le dans chacun des trous par lesquels s'échappe la vapeur.

Bon à savoir

Dès que vous aurez terminé de repasser un vêtement, brossez-le avec une brosse douce afin de répartir la vapeur et d'éviter les faux plis.

Four

Certains fours de cuisinière ont le désagréable défaut de dessécher les plats :

- Si votre four est dans ce cas, palliez cet inconvénient en y mettant, en même temps que vos rôtis ou que vos gâteaux, un petit moule rempli d'eau. Vos plats garderont leur moelleux.

Fourrure

La mode des fourrures est revenue. Fourrures de valeur ou non, elles demandent de l'attention si l'on ne veut pas les voir s'abîmer rapidement.

Des conseils de bons sens

- Si votre manteau ou votre veste de fourrure a des poches, cousez-les! Ainsi, vous ne serez plus tentée de mettre les mains dedans.

- Ne vous vaporisez jamais de parfum avec votre fourrure sur le dos.

- Si vous êtes frileuse, mettez le chauffage de votre voiture plutôt que de garder votre fourrure. Le frottement de celle-ci sur le siège ne peut que lui nuire.

- N'hésitez pas à porter un foulard : c'est joli, cela tient chaud et évite de salir le col. Il vaut mieux laver le foulard que donner la fourrure à nettoyer!

Si vous avez reçu la pluie

- Secouez-la et essuyez-la au maximum en tamponnant avec une serviette éponge ou tout autre tissu absorbant.

– Suspendez-la sur un cintre, loin de toute source de chaleur et lorsqu'elle est sèche, brossez-la doucement.

A la belle saison

S'il s'agit d'une fourrure de prix, il est préférable de la mettre en garde chez un fourreur, mais si la valeur de votre fourrure ne justifie pas une telle dépense, vous avez le choix entre deux procédés.
Dans les deux cas, vous devez d'abord la nettoyer et la vaporiser avec un insecticide.

⟴ Fabriquez un sac avec un morceau de tissu noir. Prévoyez-le assez grand pour contenir votre fourrure. Mettez-la dedans et cousez le quatrième côté. Autrement dit, enfermez-la complètement comme s'il s'agissait d'un coussin. Rangez-la ensuite dans un endroit parfaitement sombre, la clarté risquant de la faire jaunir, surtout si elle est d'une teinte claire.

⟴ Après avoir nettoyé votre fourrure, saupoudrez-la de poivre moulu (tant pis si vous éternuez!) et enveloppez-la dans du papier journal.

Gants de caoutchouc

« Les mains de femmes sont des bijoux », affirme une chanson bien connue. Pour que cela se confirme dans la réalité, il faut les protéger. Or la seule vraie protection contre les travaux ménagers, c'est de porter des gants.
Certaines femmes s'y refusent car, disent-elles, « je ne peux pas travailler avec des gants! »
Je crois, personnellement, que cette remarque découle du fait que le port des gants en caoutchouc demande, pour être satisfaisant, la connaissance d'un certain nombre d'éléments.

Le choix

Il est déterminant, puisque les gants de caoutchouc doivent

être parfaitement adaptés aux mains afin de ne gêner en aucun cas.

ɵ› Prenez-les donc juste à la taille de vos mains. Ne les choisissez surtout pas trop petits car si votre main est serrée à l'intérieur, cela empêche la circulation normale du sang.

Gardez-les longtemps

Toutes celles qui ont des ongles longs et pointus déchirent le bout des doigts de leurs gants. Deux solutions pour que cela ne se produise plus :

ɵ› Mettre, dans le fond de chaque doigt, un petit morceau de coton hydrophile.

ɵ› Si vous craignez que cela vous gêne pour travailler, renforcez le bout de chaque doigt avec un morceau de sparadrap collé ou de ruban adhésif épais à l'intérieur ou à l'extérieur de chaque doigt.

REMARQUE : N'oubliez pas de mettre fréquemment du talc à l'intérieur de vos gants.

Pour que l'eau ne pénètre pas

Cela se produit souvent notamment lorsqu'on lève les bras pour travailler. Alors, une astuce :

ɵ› Resserrez le gant autour de votre poignet avec un élastique (un peu comme si vous aviez un bracelet).

Gants de peau

S'il s'agit de gants de peau fragiles, confiez-en le nettoyage à un spécialiste. S'ils sont lavables, n'attendez pas qu'ils soient très sales pour le faire, vous n'arriveriez plus à les rendre nets. Donc, prenez-vous-y à temps et procédez de la manière suivante :

⊕ Enfilez les gants et frottez-les à l'eau savonneuse, comme si vous vous laviez les mains. Rincez-les toujours en les portant et ajoutez à la dernière eau de rinçage, du vinaigre et de la glycérine. Ils garderont ainsi leur souplesse.
– Mettez-les à plat pour les faire sécher en les maintenant, bien sûr, loin de toute source de chaleur.

S'ils déteignent

⊕ Retournez-les à l'envers et passez sur toute leur surface un tampon imbibé d'alcool à brûler.

Gants blancs

⊕ Quand vous ne vous en servez pas, saupoudrez-les de talc et enveloppez-les à l'abri de la lumière. Cela en évitera le jaunissement.

RÈGLE GÉNÉRALE : Comme pour les gants de caoutchouc, talquez-en souvent l'intérieur. Cela empêchera le cuir de durcir.

Gravures

Les gravures anciennes ont tendance à jaunir ou à se piquer. Voici comment y remédier :

⊕ Nettoyez-les en les frottant légèrement avec un mélange composé d'une part d'eau de Javel et de 5 parts d'eau. Rincez et faites sécher sous presse entre deux buvards.

Si les taches résistent à ce traitement, recommencez l'opération en ajoutant à ce mélange deux parts d'eau oxygénée.

ATTENTION : ne mouillez pas exagérément la gravure à nettoyer.

Ivoire

Sachez tout d'abord que les bibelots en ivoire ne résistent pas à un air trop sec. Veillez donc à ce que la pièce dans laquelle ils se trouvent bénéficie toujours d'un air suffisamment humide.

Il faut distinguer les ivoires anciens de ceux qui ne le sont pas.

Ivoires anciens

θ→ Si vous avez la chance de posséder des bibelots de valeur, contentez-vous d'un lavage en eau savonneuse de temps en temps; ainsi vous leur conserverez la patine qui en fait tout le charme.

θ→ Si vous voulez accentuer cette patine, trempez l'objet dans du concentré de café, mais attention, surveillez l'opération de près! Rincez, essuyez et polissez avec un chiffon doux. Vous pouvez avoir recours au même procédé si vous voulez jaunir légèrement un bracelet en ivoire très blanc.

Nettoyage

Pour l'entretien quotidien de l'ivoire, passez après chaque dépoussiérage un linge doux, en soie de préférence, afin de le polir.

♈

Les bibelots, bracelets et manches de couteaux en ivoire ont tendance à jaunir.

θ→ Vous pouvez lutter contre cette tendance en les

lavant régulièrement dans de l'eau additionnée de bicarbonate de soude.

♉

Vous leur rendrez leur blancheur en appliquant l'un de ces trois procédés :

⟴ Coupez un citron en deux. Trempez-le dans du sel fin et frottez les manches des couteaux avec ces moitiés de citron imprégnées de sel. Lavez aussitôt et essuyez.

⟴ Faites-leur prendre un bain de lait pendant quelques heures.

⟴ Ou encore faites-les tremper dans de l'eau additionnée d'eau de Javel.

Jade

Le jade est une pierre fine d'un vert plus ou moins foncé et dont l'éclat laiteux est très apprécié des amateurs. Les bibelots en jade sont fragiles et leur entretien doit être fait avec soin.

⟴ Après avoir dépoussiéré votre bibelot en jade, cirez-le avec une cire liquide. Polissez-le ensuite avec un tissu en laine. Si cet objet est très sale nettoyez-le avec un tampon d'ouate imbibé d'eau légèrement vinaigrée. Rincez, essuyez et polissez avec un chiffon doux.

Lainages

De la qualité du lavage dépend « l'avenir » de vos lainages.
L'eau de lavage doit être à peine tiède.

♈

Le produit de lavage doit être dissous dans l'eau avant d'y plonger le lainage.

♉

L'eau de rinçage doit être à la même température que l'eau de lavage.

♊

Ne lavez pas plusieurs lainages à la fois, de crainte que les couleurs ne déteignent un peu.

♋

N'essorez jamais un lainage en lui faisant subir une torsion. Contentez-vous de le presser entre vos mains.

♌

Faites-le sécher enroulé dans une serviette éponge, dans un premier temps. Puis étalez-le à plat jusqu'à ce qu'il soit parfaitement sec.

REMARQUE : Cette méthode de séchage est traditionnelle, mais il en est une autre tout aussi efficace et plus rapide. Gardez vos vieux collants au lieu de les jeter. Enfilez chaque jambe du collant dans chaque manche du pull-over ou de la veste. Fixez une épingle à linge à chaque extrémité des jambes du collant ainsi qu'à la ceinture de celui-ci (ceinture que vous aurez fait ressortir par l'encolure du pull-over). Vous pourrez ainsi suspendre le lainage sans craindre les marques d'épingle à linge.

Lainages noirs défraîchis

θ→ Vous leur rendrez leur éclat en les lavant tout simplement dans l'eau de cuisson de vos épinards.

Défeutrer les lainages

Deux solutions :

- Lavez-les dans de l'eau tiède à laquelle vous aurez ajouté 5 cuillerées à soupe de glycérine. Et, détail important, rincez ces lainages dans une eau à la même température que celle du lavage.

- Laissez tremper le lainage pendant 48 heures dans de l'eau non calcaire puis lavez-le dans de l'eau savonneuse tiède. Rincez à la même température. Faites ensuite tremper ce pull-over pendant 5 à 6 heures, dans une solution de 4 cuillerées à soupe d'acide tartrique pour un litre d'eau. Ne rincez pas et faites sécher à l'ombre.

Linoléum

Si vous posez vous-même du linoléum dans votre cuisine, tenez compte des deux éléments suivants :

- Le linoléum, pour être maniable, doit se trouver dans une pièce bénéficiant d'une température ambiante supérieure à 20°. Si vous ne respectez pas cette condition, vous ne réussirez pas à le couper et à le poser correctement.

- Lorsque vous prenez les mesures pour couper du linoléum, prévoyez toujours un peu plus petit, à savoir quelques millimètres en moins par rapport aux dimensions du sol — et cela, pour une raison fort simple : une fois posé sur le sol, le linoléum va peu à peu adhérer parfaitement à celui-ci et donc s'aplatir. Si vous n'avez pas pris la précaution précédente, vous serez obligée de le recouper avec tous les risques de déchirure que cela comporte.

Entretien

Pour vous simplifier la tâche, sachez que l'on peut encaustiquer le linoléum, voire même le vitrifier. Renseignez-vous au moment de l'acheter. Vous ne le regretterez pas.

Traces noires

- S'il s'agit simplement de traces de caoutchouc laissées par des embouts de pieds de chaises, frottez avec une gomme à crayon.
- S'il s'agit de traces noires rebelles à la gomme, frottez-les avec de l'éther; elles disparaîtront sans difficulté.

Livres

Si vous avez la chance de posséder des livres anciens, il est certain que vous y êtes très attachée et que votre souci est de les garder en bon état.
Hélas vous n'êtes pas la seule à les apprécier. De petits insectes, que l'on appelle savamment « lépismes » et plus couramment poissons d'argent, adorent creuser des galeries à travers les pages, causant ainsi des dégâts irréparables. Vos livres seront surtout exposés à cette invasion s'ils sont entreposés dans une bibliothèque placée dans une pièce relativement humide. Les maisons de campagne, habitées épisodiquement, sont pour eux un terrain de prédilection.
Il faut donc absolument prévenir plutôt que guérir et cela d'une manière extrêmement simple.

- Les poissons d'argent détestent l'odeur du thym; vaporisez donc quelques gouttes d'essence de thym dans votre bibliothèque et vos livres seront à l'abri.

Marbre

Pour être beau, le marbre doit garder son poli. Or, il est tentant de poser un verre, une bouteille ou un stylo sur une table ou une cheminée; d'où, bien sûr, des risques de taches car le marbre est facilement attaquable.

Entretien courant

L'eau savonneuse tiède est la solution idéale, à condition, évidemment, de bien rincer et d'étaler ensuite une cire aux silicones. Cette cire constituera une protection efficace, notamment contre les taches de boisson.

UNE RÈGLE D'OR : N'utilisez jamais d'acide, d'eau de Javel, d'esprit-de-sel ou de soude pour l'entretien du marbre. Le résultat serait catastrophique et irrécupérable.

Contre les taches

Graisse

→ Utilisez de l'essence ou de la benzine en prenant garde au feu, c'est évident. Ne nettoyez pas votre cheminée avec de l'essence au moment où brûle un beau feu de bois!

Fruits, nicotine, café, boissons

→ Les taches colorées disparaîtront si vous les frottez énergiquement avec le mélange suivant : eau + lessive et quelques gouttes d'ammoniaque (comptez environ 7 cuillerées à soupe de lessive par litre d'eau). Rincez ensuite très soigneusement.

Encre

→ Tamponnez avec un tissu imprégné d'eau oxygénée à 20 volumes, additionnée de quelques gouttes d'ammoniaque. Séchez ensuite avec un chiffon doux et polissez.

Rouille

→ La seule méthode efficace doit être utilisée avec précaution puisqu'elle fait appel aux sels d'oseille ou, pour parler en termes savants, à l'acide oxalique en cristaux. Vous trouverez des sels d'oseille chez tous les bons droguistes ou auprès de fournisseurs de produits pour ébénistes.

θ› Faites dissoudre une cuillerée de sels d'oseille dans un peu d'eau chaude et tamponnez la tache avec cette solution. Celle-ci disparaîtra et il ne vous restera plus (si c'est nécessaire) qu'à polir.

Marbre verni taché

Le marbre verni craint autant le chaud que le froid; n'oubliez donc pas d'étendre un molleton sur votre table avant de mettre la nappe.

θ› Si vous n'avez pas pris cette précaution, frottez les taches avec du polish.

Marbre jauni

θ› Lavez-le d'abord à l'eau savonneuse, puis frottez-le avec du jus de citron, mélangé à du sel fin. Rincez soigneusement et séchez.

Moquette

Avoir de la moquette chez soi, c'est créer, d'emblée, une atmosphère chaleureuse et feutrée. Mais il est indispensable, si l'on ne veut pas que cela devienne un souci permanent, de l'entretenir avec soin et de connaître certaines règles :

θ› Si vous devez déplacer des meubles, surtout ne les faites pas glisser. Soulevez-les ou, s'ils sont trop lourds, placez sous chaque pied un morceau de carton afin de pouvoir les déplacer sans abîmer la moquette.

θ› Ne laissez pas toujours vos meubles exactement à la

même place, décalez-les régulièrement de quelques centimètres afin que la moquette ne soit pas toujours écrasée au même endroit.

♈

Si ce conseil arrive trop tard et que la marque des quatre pieds d'un meuble reste profondément incrustée dans la moquette :

θ→ Repassez l'emplacement de chaque pied avec un fer chaud en ayant pris, bien sûr, la précaution d'utiliser une patte mouille. Après ce repassage, brossez énergiquement.

Taches de boue

Si vos enfants sont rentrés de l'école avec leurs chaussures pleines de boue et que votre moquette en garde les traces :

θ→ Versez une cuillerée à soupe de vinaigre dans un litre d'eau et frottez les taches avec cette eau vinaigrée. Rincez ensuite à l'eau claire. Laissez sécher et brossez.

Un sérieux nettoyage

θ→ Si vraiment votre moquette en a besoin, imbibez de trichloréthylène un chiffon de coton usagé et passez-le sur toute la surface. Laissez sécher.

ATTENTION : Si votre moquette n'est pas d'une très grande qualité, faites un essai.

♈

Si, malgré ce traitement, des taches rebelles subsistaient encore, voici votre dernier recours :

θ→ Saupoudrez la tache de terre de Sommières et recouvrez d'un papier de soie. Repassez avec un fer chaud. Changez le papier de soie et renouvelez l'opération, jusqu'à ce que vous constatiez qu'il ne présente plus aucune trace de graisse.

Osier

L'osier, tout comme la vannerie ou le bambou, est revenu à la mode. Il n'est plus réservé aux meubles de jardin et, de plus en plus, des tables, des fauteuils en osier viennent constituer un mobilier de salon, décoratif et pas trop onéreux.

♈

L'osier, comme tout autre matériau, doit être entretenu.

θ→ Brossez régulièrement vos objets ou meubles en osier avec une solution faite d'eau tiède et de quelques pincées de bicarbonate de soude.

θ→ Les chaises et fauteuils en osier ont souvent une fâcheuse tendance à grincer lorsqu'on s'assoit et rien n'est plus énervant. Vous éliminerez ces grincements en nourrissant les jointures. Pour ce faire, utilisez de l'huile de paraffine.

Paille

Encore un matériau que l'on trouve de plus en plus dans les appartements, notamment sous forme de nattes.

Entretien courant

θ→ Servez-vous de votre aspirateur, sans oublier de retourner la natte afin d'aspirer les deux faces.

θ→ Pour éviter qu'elles ne se salissent trop vite et pour en prolonger la durée, encaustiquez-les comme vous le feriez pour un parquet.

Poêle

Si votre poêle en aluminium accroche, frottez-la avec du gros sel et du papier, du genre « essuie-tout ».

Porcelaine

Plus les objets en porcelaine sont fins et fragiles, plus on les aime et plus ils sont difficiles à laver.

θ› Plongez-les dans un récipient (en plastique de préférence pour éviter des heurts qui pourraient être fatales!), rempli d'eau froide additionnée d'un jus de citron.
Selon leur fragilité, laissez-les sécher ou essuyez-les avec toute la délicatesse dont vous êtes capable.

Porcelaine à feu

Les plats en porcelaine à feu sont très pratiques puisqu'ils peuvent être apportés directement sur la table. Mais, à chaque avantage, ses inconvénients : ils ont tendance à prendre une couleur brune, due précisément à leur exposition au feu.

θ› Pour faire disparaître cette coloration brunâtre, faites tremper votre plat pendant deux ou trois heures dans une eau additionnée d'un peu de borax. Nettoyez-le ensuite comme d'habitude.

Réfrigérateur

Tous les réfrigérateurs récents disposent d'un dégivrage automatique, mais si le vôtre est ancien, n'oubliez pas de le faire dégivrer au maximum tous les quinze jours, trois semaines. D'une part, il fonctionnera mieux et, d'autre part, vous ferez des économies d'électricité.

♈

Après le dégivrage, lavez-en soigneusement l'intérieur avec de l'eau chaude additionnée d'une cuillerée à soupe de bicarbonate de soude par litre d'eau. Rincez et essuyez de préférence à la peau de chamois.

Reliures

Les reliures anciennes doivent être entretenues pour leur permettre de conserver la patine qui en fait tout le charme. A vous de choisir entre deux possibilités.

- Mélangez un jaune d'œuf et un peu d'alcool à 90° et frottez la reliure.

- Frottez avec une flanelle imbibée d'essence de térébenthine et faire briller avec un chiffon doux, en laine de préférence.

Reliures neuves

Utilisez de la cire d'abeille ou, plus simplement, un peu de cirage.

Une idée originale

Les reliures en cuir se nettoient également très bien avec un chiffon de laine doux, préalablement passé sur une bougie blanche. Ce procédé a l'avantage d'éviter l'empâtement et le graissage du cuir par les cires.

Robinets

Ah! ces problèmes de robinets! Après nous avoir poursuivis

pendant notre enfance, les voilà qui récidivent. Pas de la même manière, il est vrai.

♈

Ceux des cuisines ou des salles de bains demandent à être entretenus au même titre que les baignoires ou les lavabos car le calcaire ne les épargne pas plus que ces derniers.

♉

Vous pouvez leur rendre leur éclat sans bourse délier, en mettant en pratique l'une des trois suggestions suivantes : En fonction de ce dont vous disposez, choisissez de frotter

- avec du pétrole.
- avec un chiffon imprégné de farine.
- avec de la cendre de cigarettes.

Sac à main en cuir

Avant d'utiliser un sac neuf en cuir, immunisez-le contre les taches de pluie qui le menacent forcément. Il s'agit d'une précaution fort simple et qui va de soi :

- Frottez votre sac avec du cirage incolore et passez ensuite un chiffon doux.

Taches d'eau

Si vous ne l'avez pas ciré aussitôt acheté et que le mal soit fait, tout n'est pas perdu.

- Prenez un tampon de coton hydrophile imbibé légèrement d'eau froide. Lavez votre sac avec ce coton et très peu de savon blanc. Rincez, puis cirez avec un cirage incolore.

Cuir clair

Le cuir clair se nettoie avec du blanc d'œuf battu en neige.

- Trempez un chiffon propre dans cette mousse et étalez-la soigneusement sur toute la surface de votre sac. Frottez-le ensuite avec un chiffon de laine.

Cuir de couleur

- Faites chauffer une flanelle sèche, saupoudrez de talc et frottez. Faites une pâte formée d'un tiers de cire d'abeille molle et de deux tiers d'essence de térébenthine. Étalez cette pâte sur tout le sac. Laissez sécher et frottez avec un chiffon de laine parfaitement sec.

Cuir verni

Pour lui donner un brillant intense, vous avez le choix :

- Le blanc d'œuf battu en neige est tout aussi efficace pour faire briller le cuir verni que pour nettoyer le cuir clair;
- Un oignon coupé en deux et frotté donnera également un très bon résultat.

Soie

La soie naturelle est belle et chère, et quand arrive le moment de laver son chemisier, ou un foulard en soie, on appréhende toujours un peu le résultat.

♈

La soie doit toujours être lavée dans une eau presque froide.

♉

On ne doit jamais la faire sécher au soleil.

Repassez-la toujours sur l'envers et cela avant qu'elle ne soit complètement sèche.

Les deux points importants

Il faut lui garder son apprêt et l'empêcher de jaunir (quand il s'agit de soie blanche, bien entendu). Deux trucs de grand-mère, fort simples pour lui garder son apprêt :

- Après l'avoir lavée dans de l'eau savonneuse, ajoutez quelques pincées de borate à de l'eau claire et rincez-la dans cette solution.

- Encore plus simple : ajoutez un morceau de sucre à la dernière eau de rinçage.

Jaunissement

- Votre chemisier en soie naturelle ne risquera plus de jaunir si vous ajoutez à la dernière eau de rinçage, deux cuillerées à soupe de lait frais.

Tapis

Contrairement à ce que vous pensez peut-être, sachez que le plus grand ennemi des tapis, ce n'est pas votre poids ou celui de votre mari et de vos enfants, ni les passages répétés, c'est la poussière. C'est elle l'ennemie qu'il faut traquer. Elle a, entre autres, le gros défaut de gommer les couleurs. Et les dégâts causés par les graviers que l'on rapporte de l'extérieur, collés aux semelles de ses chaussures, sont encore plus dangereux pour vos tapis.

Après vous avoir brossé ce triste tableau, que faire?

Éviter au maximum de marcher sur les tapis avec des chaussures, mais ce n'est pas toujours facile.

♉

Avoir un bon aspirateur. La meilleure catégorie d'aspirateurs pour aller dénicher les graviers enfouis jusqu'à la trame est certainement celle des aspirateurs-batteurs.

Si votre tapis est neuf, vous pouvez pendant quelque temps vous contenter de le brosser avec un balai de paille de riz. Ensuite, entretenez-le normalement.

Pour raviver ses couleurs

Si votre tapis devient terne, voici trois moyens de lui rendre ses couleurs :

- Parsemez-le de feuilles de thé infusées et essorées.

- Saupoudrez-le de sciure de bois imbibée de vinaigre d'alcool.

- Répandez du marc de café humide.

REMARQUE : Quel que soit le procédé choisi, après avoir laissé en contact quelques minutes, balayez avec un balai de paille de riz.

Mais voici une quatrième solution pour le moins inattendue.

- Savez-vous que la neige ravive la couleur des tapis? Alors, si vous avez un balcon ou un jardin, dès qu'il y a une mince couche de neige, sortez vos tapis (après avoir passé l'aspirateur). Posez-les bien à plat sur la neige, endroit « contre » la neige. Laissez-les ainsi en contact environ 10 minutes puis secouez-les pour enlever la neige qui aurait pu rester accrochée.

Les taches

On ne peut guère les éviter mais on peut y remédier :

- Pour les taches de *boue,* laissez sécher, passez l'aspirateur, puis frottez avec une éponge imbibée d'eau savonneuse.

- L'eau alcoolisée viendra à bout des taches de *jus de fruits et de légumes.*

- Pour la *colle,* grattez la tache puis tamponnez à l'alcool à brûler.

Ce qu'il faut savoir

D'une manière générale, ne tirez jamais sur un brin de laine ou de velours qui dépasse. Coupez-le plutôt juste au même niveau que les autres brins.

♈

Dans le même ordre d'idées, ne secouez jamais vos tapis en les tenant par les franges. On comprend aisément pourquoi.

♉

Ne cirez pas le parquet sur lequel seront posés vos tapis, vous les encrasseriez et, de plus, cela représente un travail inutile.

♊

Il arrive souvent qu'un coin de tapis se redresse, ce qui est très désagréable. Placez donc sur ce coin de tapis rebelle un linge légèrement humide, puis une pile de livres sur le tout.

♋

Laissez cette presse peser sur le tapis pendant une nuit. Le lendemain, posez sur l'envers du tapis une petite grille ou une équerre spéciale qui maintiendra cet angle récalcitrant bien à plat.

Si vous ne l'utilisez pas

Sans être collectionneur, on peut pour diverses raisons avoir besoin d'entreposer un tapis pendant quelque temps. Cela peut arriver notamment lorsque le tapis est trop grand pour la pièce à laquelle on le destinait.
Ce tapis non utilisé doit être protégé et il peut l'être vraiment à peu de frais puisqu'il faut tout simplement l'envelopper dans du papier journal.

→ Mettez votre tapis bien à plat. Couvrez-le de papier journal et roulez-le. Enveloppez également le rouleau obtenu.
Pourquoi du papier journal? Parce que les mites fuient l'odeur de l'encre d'imprimerie.

Tissu noir

Jamais un vêtement ne vous a donné autant de mal pour le garder impeccable que le pantalon noir de votre mari.

→ Sachez que si vous le brossez avec une petite brosse trempée dans du café noir, vous le dégraisserez sans problème et, du même coup, lui redonnerez cette couleur d'un noir profond qui est très jolie.

ATTENTION : Brossez toujours dans le même sens et laissez sécher à l'ombre.

Toile cirée

On en trouve maintenant de si jolies qu'on hésite à les remplacer par une nappe, sauf dans les grandes occasions!

♈

Pour leur garder leur fraîcheur, quelques astuces au choix.

θ→ Lavez-les toujours à l'eau savonneuse, l'usage des détergents n'est pas recommandé.

θ→ Ne jetez pas vos restes de vinaigrette, nettoyez la toile cirée avec, cela accentuera son aspect brillant :

θ→ Frottez-la avec du blanc d'œuf battu en neige.

θ→ Toujours avec de l'œuf, mais entier cette fois. Battez un œuf avec une cuillerée à soupe de sucre en poudre. Mélangez avec un demi-litre d'eau froide. Frottez la toile cirée et essuyez avec un chiffon doux.

Vermeil

Le vermeil est de l'argent recouvert d'une dorure tirant sur le rouge; mais ce n'est pas une raison pour le nettoyer avec le produit dont vous vous servez habituellement pour faire l'argenterie : un tel traitement ne lui convient absolument pas.

θ→ Nettoyez-le simplement avec de l'eau savonneuse.

θ→ Si cela ne suffit pas, ayez recours au blanc d'Espagne et passez ensuite une peau de chamois.

Verrerie

La verrerie, c'est très joli; encore faut-il qu'elle soit claire, brillante et transparente.

♈

Voici quelques trucs qui vous permettront de lui redonner tout son éclat.

CONSEIL DE BASE : Ajoutez quelques gouttes de vinaigre d'alcool à l'eau de rinçage de votre vaisselle de verre. Elle restera brillante.

Carafes et vases

En verre

Ce truc sera essentiellement utile pour un récipient qui a perdu son éclat. Il a l'avantage de ne pas rayer.

Remplissez votre récipient terni de petits morceaux de pomme de terre crue ou d'épluchures de pomme de terre (ce qui est plus économique). Ajoutez de l'eau; si le récipient n'est pas trop terne, il vous suffira d'agiter fortement, puis de rincer. S'il a vraiment perdu tout son éclat, laissez macérer trois ou quatre jours. Brillance et transparence assurées.

En cristal

Plusieurs trucs au choix :

- Emplissez votre vase ou votre carafe de vinaigre d'alcool chaud (pas trop pour ne pas les casser!). Laissez ainsi pendant quelques heures, puis rincez.
- Mettez des coquilles d'œuf ou du sable fin, puis emplissez d'eau. Après avoir agité, rincez plusieurs fois à l'eau claire.

Comment nettoyer une salière

Ne vous contentez pas d'eau chaude, vous n'y arriveriez pas. Ajoutez donc à cette eau chaude du vinaigre et rincez bien.

♈

Une petite astuce qui vous évitera de vous énerver en voulant essuyer parfaitement votre salière : séchez-la avec votre séchoir électrique. Il n'y aura plus trace d'humidité.

♉

Un dernier truc

Pour éviter aussi bien au sel qu'au sucre en poudre de s'agglomérer, mettez quelques grains de riz dans votre salière ou votre saupoudreuse. Le problème sera résolu.

Vitres

Le nettoyage des vitres, c'est un peu comme celui de l'argenterie ou des cuivres, on remet au lendemain et puis, un jour, il faut bien se décider.

♈

Pourtant, il existe plusieurs moyens de minimiser considérablement ce travail.

- Versez un peu de vinaigre d'alcool dans de l'eau très chaude. Frottez vos vitres avec ce mélange, puis faites briller avec un chiffon sec.
- Toujours avec le vinaigre. Mélangez-en quelques gouttes avec du blanc d'Espagne et étalez la pâte obtenue.
- Un peu d'ammoniaque dans beaucoup d'eau, c'est également très efficace.

LES TACHES

Alcool

Poser un verre ou une bouteille malencontreusement sur un meuble est un réflexe fréquent et qui, hélas, a souvent pour conséquence de laisser une tache claire. Voici comment la faire disparaître :

Sur du bois massif

θ→ Vous pouvez sans crainte utiliser l'un des solvants suivants : benzine, essence minérale, éther et si cela ne suffisait pas et que la tache soit particulièrement tenace, essayez l'essence à briquet.

Sur du bois ciré

θ→ Imbibez d'essence de térébenthine puis cirez.

θ→ Prenez un bouchon et coupez-le de manière à obtenir une rondelle de liège avec laquelle vous frotterez les taches. En fait, vous devez vous servir du bouchon comme d'une gomme. Passez ensuite un chiffon de laine.

Auréole

Si à la tache que vous avez enlevée succède une superbe

auréole, pas de panique. Faites bouillir de l'eau et placez l'auréole au-dessus de la vapeur d'eau qui s'en échappe.

Beurre

- S'il s'agit d'une tache sur un tissu de laine ou de soie, employez de la terre de Sommières.
- Pour les tissus de coton et de fil de couleur grand teint, savonnez à sec avant de laver.
- La meilleure solution pour les tissus synthétiques, c'est l'eau savonneuse et, éventuellement, l'essence minérale mais avec la précaution d'usage : loin de toute flamme.

Bière

Sur les meubles

- Mettez quelques gouttes d'ammoniaque dans de l'eau tiède et imbibez-en un tampon de coton que vous passerez délicatement sur la tache.

Sur les tissus de coton blanc

- Trempez la partie tachée du vêtement dans un bain composé d'un volume d'eau de Javel pour 14 volumes d'eau. Laissez quelques minutes, puis faites tremper dans de l'eau additionnée de quelques gouttes d'ammoniaque.

Sur les tissus de couleur

- Tamponnez avec de l'eau oxygénée à 10 volumes puis avec de l'eau à laquelle vous aurez ajouté quelques gouttes d'ammoniaque. Laissez agir une dizaine de minutes et rincez.

ATTENTION : En ce qui concerne les tissus de couleur, faites un essai préalable sur une partie invisible du vêtement.

Blanc d'œuf

θ→ Ne le laissez pas sécher. Lavez immédiatement avec de l'eau tiède.

Boue

Avant toute chose, laissez sécher complètement et brossez. Dans la plupart des cas, cela suffit pour faire disparaître complètement toute trace de boue.

θ→ Si une marque subsiste cependant, mélangez en parties égales de l'eau et du vinaigre, puis brossez avec la solution obtenue.

θ→ En dernier recours et uniquement sur des fibres naturelles, tamponnez à l'eau additionnée de quelques gouttes d'ammoniaque, puis rincez.

Bougie

On en trouve maintenant vraiment pour tous les goûts et elles nous font redécouvrir le charme d'un dîner aux chandelles. Mais, quelle que soit leur forme ou leur couleur, si vous ne connaissez pas le truc (voir « Des trucs en vrac »), vous n'éviterez pas les coulures. Voici comment les enlever :

Sur une nappe

θ→ Grattez la trace de la bougie avec un couteau trempé dans l'eau bouillante. Lavez la nappe puis, une fois sèche, mettez un buvard sous l'endroit taché et un autre dessus. Autrement dit, il faut mettre la tache en sandwich entre deux buvards.

Sur un meuble

θ→ Enlevez le maximum de bougie en grattant comme indiqué précédemment mais plutôt que d'utiliser la lame d'un couteau, faites-le avec un morceau de coton (cela évitera de rayer le bois). Puis frottez avec un chiffon doux.

Brûlures

On ne peut pas, à proprement parler, appeler tache une brûlure, puisque c'est le matériau lui-même qui est attaqué. Dans ce cas, il faut bien reconnaître que nous sommes relativement démunis. Mais s'il n'existe pas de remède miracle, il n'en est pas moins vrai que nous avons à notre disposition un certain nombre de possibilités pour minimiser les dégâts de ces fameuses brûlures.

Sur du cuir

C'est la cigarette qui est responsable, dans la majorité des cas, des brûlures et notamment de celles faites sur des fauteuils ou dessus de bureau en cuir.

Si la brûlure est superficielle

θ→ Frottez doucement avec une pierre ponce; avec un tampon de coton, passez de l'huile sur la partie brûlée, puis cirez avec un cirage de la même couleur que le cuir.

Si le cuir a été brûlé en profondeur

Même principe que précédemment en ce qui concerne la pierre ponce mais il s'agit également de boucher le trou fait par la cigarette. Comblez donc celui-ci avec de la cire de la même couleur que celle du fauteuil, puis égalisez. Lorsque la cire est sèche, cirez le tout.

Sur tapis ou moquette

Premier conseil

Soyez prévoyante et mettez des cendriers partout à disposition, surtout lorsque vous recevez des amis et que vous êtes nombreux. Vous regretterez de ne pas l'avoir fait en découvrant, le lendemain matin, votre moquette ou votre tapis brûlés involontairement.
C'est à vous maintenant de réparer les dégâts.

Une seule solution tant pour les tapis que pour la moquette :

⊕ Grattez pour enlever toute trace de noir.
– Si la brûlure n'a pas traversé le tapis ou la moquette, mettez un tout petit peu de colle au fond du trou. Arrachez quelques poils en choisissant les endroits les moins visibles, et n'enlevez qu'un ou deux poils à la fois. Il s'agit d'un travail de patience.
– Collez-les dans le trou jusqu'à ce qu'il soit comblé et, surtout, interdisez qu'on marche dessus tant que la colle n'est pas parfaitement sèche.

⊕ Si la brûlure a traversé le tapis, collez sur l'envers un morceau de ruban adhésif et procédez de la même manière que précédemment.

Sur du marbre

⊕ Faites appel une fois de plus au citron. Coupez-le en deux et frottez la tache.

Sur du bois

⊕ Il n'y a guère que la solution du ponçage ou du

raclage qui puisse, si ce n'est supprimer, du moins atténuer les traces de brûlures.

Café

Les taches de café font certainement partie de celles que nous imposons le plus souvent à nos vêtements, le café étant l'une des boissons que nous buvons à tout moment de la journée et pas toujours en étant confortablement installés.

Si vous vous en apercevez tout de suite

θ→ Saupoudrez la tache de sel ou passez immédiatement un tampon imbibé d'eau tiède.

Si la tache est ancienne

Comme pour toutes les autres taches, le traitement varie en fonction de la nature du tissu.

Coton blanc

θ→ Une eau savonneuse devrait suffire. Si ce n'est pas le cas, frottez avec un tampon imbibé d'eau oxygénée ou encore passez le tissu à l'eau javellisée.

Tissu de couleur

Voici deux autres astuces :

θ→ Appliquez de la glycérine sur la tache, puis rincez abondamment à l'eau tiède. Repassez ensuite à l'envers sur une serviette éponge.

θ→ Délayez du jaune d'œuf avec un peu d'eau tiède. Étalez un peu de ce mélange sur la tache; rincez ensuite à l'eau tiède et tamponnez pour accélérer le séchage.

Tapis

θ› Tamponnez avec un chiffon sec l'endroit de la tache de manière à absorber le plus de café possible.
– Mélangez de l'alcool et du vinaigre blanc en quantité égale et tamponnez.

Bois ciré

θ› Passez un chiffon imbibé d'eau oxygénée à 12 volumes, puis réencaustiquez.

Cambouis, goudron, huile

Sur la peau

Inutile de frotter, vous risquez de vous arracher la peau sans faire disparaître le goudron.
θ› Mettez plutôt un peu d'huile, de beurre ou de margarine sur un tampon de coton et frottez. Le goudron partira et il ne vous restera plus qu'à laver à l'eau chaude.

Sur les tissus

θ› Après avoir enlevé le maximum de goudron avec un couteau, enduisez d'un corps gras (beurre, margarine). Laissez pénétrer. Détachez ensuite avec un solvant (benzine par exemple), loin du feu bien entendu.
– Saupoudrez ensuite de terre de Sommières ou de talc et, après séchage, brossez.

θ› Une autre solution, plus simple et qui devrait suffire si la tache n'est pas trop importante :
Frottez-la tout simplement avec un coton imbibé de dissolvant à ongles.
Si une application ne suffit pas, recommencez autant de fois que nécessaire.

Sur du cuir

Enduisez la tache de vaseline et laissez agir une demi-heure.

Sur du carrelage ou du marbre

Retirez le maximum de cambouis et ramollissez ce qui reste avec un corps gras. Tamponnez avec un solvant et lavez à l'eau chaude savonneuse. Ce traitement convient également aux parquets cirés.

Chewing-gum

Ah! ce chewing-gum... pour coller, il colle!

♈

N'essayez pas de l'attaquer de front en tirant dessus; c'est une rude épreuve pour les nerfs et cela ne mène à rien.
Ne le grattez pas non plus, il résistera et vous ferez un trou sans en être venue à bout.

♉

Allez calmement ouvrir votre réfrigérateur. Prenez-y un glaçon et passez-le doucement sur le chewing-gum.
Au contact du froid, il se durcira et se décollera sans problème. Si le chewing-gum a laissé une tache, enlevez-la avec du dissolvant ou de l'acétone.
Prenez la précaution de faire cela loin d'une flamme, bien sûr.

Chocolat

Vous rentrez de faire des courses ou de travailler et vous êtes furieuse car votre fils ou votre fille a son pantalon plein de chocolat. Eh oui! il y a des jours comme ça! Ne vous affolez pas et attaquez-vous aux taches. Ce n'est pas compliqué, pas besoin de courir acheter le détachant miracle au dernier moment.

Tissu synthétique

⊕ Frottez la tache avec de la glycérine et mettez-la « en sandwich » entre deux buvards; ils absorberont le chocolat et la graisse... jusqu'au prochain goûter!

Tissu non synthétique

⊕ Un peu d'alcool à 90° dans de l'eau et la tache partira.

Tapis et moquette

⊕ Frottez avec un solvant en partant de l'extérieur de la tache et en allant vers le centre, puis tamponnez avec un mélange composé moitié d'eau, moitié d'alcool.

Colle

⊕ Imbibez la tache de colle avec du vinaigre blanc, puis avec un coton imbibé d'eau.
Prenez la précaution de mettre un tissu absorbant sous le tissu taché.

Encre

Sur la peau

⊕ Le remède est simple. Un peu de jus de tomate et l'encre s'en va.

Sur les tissus

⊕ Imprégnez la tache d'un peu de lait tiède et rincez

abondamment. Si cela ne suffisait pas, remplacez le lait par du jus de citron.

Sur du bois

θ→ Frottez successivement la tache avec du lait, puis avec du citron.

Sur du papier

θ→ Utilisez de l'eau oxygénée à 12 volumes. Prenez un compte-gouttes, ce sera plus facile, et laissez tomber une à deux gouttes d'eau oxygénée sur la tache, puis tamponnez avec un coton. Recommencez plusieurs fois si la tache est ancienne, puis rincez en tamponnant avec un coton imbibé d'eau.
Mettez un buvard blanc de chaque côté de la page pour faire sécher.

Fond de teint

Ce sont des taches fréquentes et fort désagréables, notamment sur les cols de chemisiers ou de robes.

θ→ Tamponnez la tache avec un tampon imbibé d'éther. Renouvelez l'opération en changeant de tampon jusqu'à ce qu'aucune trace ne subsiste.
Lavez à l'eau savonneuse pour faire disparaître l'auréole.

Fruits

Les taches de fruits sont aussi fréquentes que tenaces.

Sur du tissu grand teint

θ→ Pas d'hésitation, l'eau de Javel viendra à bout de pratiquement toutes les taches de fruits.

Tissu non garanti grand teint

Vous avez le choix entre plusieurs solutions :

- L'eau oxygénée à 20 volumes, additionnée de quelques gouttes d'ammoniaque. Rincez aussitôt.

- L'alcool à 90°.

- L'eau tiède additionnée de quelques gouttes d'alcali.

- Plus surprenant mais tout aussi efficace, le lait tourné. Après l'avoir laissé en contact avec la tache pendant une demi-journée environ, lavez le tissu normalement et rincez.

Tissu de laine ou de soie

- Utilisez du vinaigre que vous tamponnez sur la tache, en ayant pris soin de placer sous celle-ci un tissu absorbant.

Tissu délicat ou synthétique

- Le jus de citron peut être, comme dans bien d'autres circonstances, un allié précieux, ou encore le vinaigre blanc. Là également, posez la partie à détacher sur un tissu absorbant faisant office de buvard.

Sur les mains

- Un peu de vinaigre et les taches de fruits disparaîtront sans difficulté.

Graisse

Les taches de graisse sont les plus fréquentes et, d'une manière générale, s'enlèvent en appliquant de la benzine, de l'essence minérale ou du trichlorétylène.

- Il faut en imbiber la tache, puis saupoudrer de talc et, quand le tout est sec, brosser.

Cependant, sur les tissus délicats, on ne peut utiliser ce procédé car l'usage d'un solvant risquerait de les abîmer.

Tissu délicat

Contentez-vous de saupoudrer la tache avec du talc, recouvrez-la d'un papier de soie et repassez avec un fer tiède.
Recommencez l'opération plusieurs fois (en changeant de papier) jusqu'à disparition complète de la tache de graisse.

Lainage

Même principe que précédemment, mais en remplaçant le talc par de la terre de Sommières. Laissez en contact plusieurs heures et brossez.

Papier peint

Si votre petite fille a posé une main sur votre papier peint juste après avoir mangé une tartine de beurre et si vous vous en apercevez tout de suite, sortez votre boîte de talc et appliquez-en sur la tache. Si vous ne découvrez la tache qu'au bout d'un certain temps, posez un buvard blanc sur les traces grasses et repassez à fer tiède.

Bois

Sur du bois plaqué ou marqueté

Saupoudrez une épaisse couche de talc sur la partie tachée, recouvrez de papier de soie (en plusieurs épaisseurs) et posez sur le tout un fer à repasser tiède. Talc et papier de soie absorberont la graisse. Recommencez l'opération autant de fois que nécessaire.

Sur du bois brut ou ciré

Frottez avec de l'essence minérale, du trichloréthylène

ou de la benzine. Couvrez de terre de Sommières. Posez sur le tout plusieurs épaisseurs de papier de soie et repassez à fer tiède.

Pages d'un livre

Il n'y a pas que les pages d'un livre qui puissent être tachées de graisse, cela peut arriver à des dessins ou à des estampes que vous aimez, même s'ils n'ont pas une énorme valeur (pendant un déménagement, par exemple).

♈

Dans l'un ou l'autre de ces cas, les taches de graisse sur du papier s'enlèvent de la manière suivante :

- Mettez un corps absorbant en contact avec la tache : plâtre fin, terre de Sommières, talc, et recouvrez avec un papier de soie ou du buvard; posez sur le tout quelque chose de lourd : livres, annuaires de téléphone, etc.

Surveillez pour changer le papier au fur et à mesure que la graisse est absorbée, ce qui demande un certain temps.

Si vous êtes pressée, vous pouvez accélérer l'opération par deux moyens :

- en repassant à fer tiède le papier de soie;
- ou bien en utilisant un autre procédé. Imbibez la tache d'éther et aussitôt (elle doit être encore humide), mettez-la entre deux buvards. Posez un poids dessus. La tache disparaîtra rapidement.

Herbe

La tentation est toujours grande de s'asseoir dans une belle herbe verte, voire de se rouler dedans, du moins en ce qui concerne les enfants. Mais le résultat ne se fait pas attendre sur les vêtements.

N'ayez pas trop de regrets d'avoir cédé à la tentation car le remède est simple :

θ→ Utilisez de l'alcool à 90° après avoir fait un essai sur un endroit invisible du vêtement.

Insecte écrasé

Sur le coton et le lin blancs

θ→ Faites tremper dans de l'eau javellisée.

Sur les autres tissus (excepté la laine et la soie)

θ→ Imbibez légèrement d'eau tiède puis frottez doucement avec une brosse trempée dans de l'eau légèrement additionnée d'ammoniaque.

Mercurochrome

Si vos enfants se sont coupés, n'appliquez pas le mercurochrome avec un tampon de coton, car vous en mettrez forcément trop et vos doigts deviendront tout rouges.

θ→ Enroulez plutôt un peu de coton hydrophile au bout d'une allumette et servez-vous de ce bâtonnet. Vous doserez ainsi beaucoup mieux et éviterez les taches sur les mains, voire sur les vêtements.
Si vous n'avez pas pris cette précaution, voici comment atténuer ou enlever ces taches.

Sur les mains

θ→ Essayez le vinaigre ou le jus de citron. Elles ne disparaîtront pas complètement mais seront bien atténuées.

Sur les vêtements

Tissu garanti grand teint

θ→ Un bain d'eau fortement javellisée les fera disparaître totalement.

Laine et soie

θ→ Trempez à l'eau froide et baignez dans une solution de deux parties d'eau pour une partie d'alcool à brûler.

Autres tissus

θ→ Mélangez de l'eau et de l'alcool à 90° en parties égales. La tache sera atténuée.

Nicotine

La cigarette est responsable de bien des maux. Sans parler de sa répercussion sur la santé, les brûlures (voir le chapitre « Entretien ») et les traces jaunes laissées par la nicotine sur les mains ou les cendriers sont fort désagréables.

Sur les mains

θ→ Frottez les taches de nicotine avec du jus de citron. Si vous êtes un fumeur moyen, cela devrait suffire.

θ→ Si vous fumez cigarette sur cigarette, mettez un peu d'eau de Javel dans de l'eau et trempez vos doigts dedans.

Cendriers

θ→ Si l'eau savonneuse ne suffit pas pour venir à bout des taches de nicotine, frottez-les avec un bouchon trempé dans du sel fin.

Œuf

Sur de l'argenterie

Si vous mangez des œufs avec des couverts en argent, il y a de grandes chances pour qu'un simple lavage ne fasse pas disparaître les traces qu'ils auront laissées.

θ→ Ayez le « réflexe citron »! Coupez-le en deux et frottez-en les taches. Efficacité assurée.

Sur des vêtements

θ→ Une règle absolue : lavez-les à l'eau froide, sinon le remède serait pire que le mal. Excluez donc totalement l'eau chaude.

θ→ Si un lavage à l'eau de lessive ne suffisait pas, tamponnez avec de l'eau oxygénée, légèrement allongée d'eau.

Peinture

Sur les tissus

Comme pour toutes les taches, celles de peinture gagnent à être enlevées lorsqu'elles sont fraîches.

θ→ Cela se fait alors, sans difficulté, avec de l'essence de térébenthine.

Si la tache est ancienne

θ→ Lavez-la à l'eau savonneuse, sans rincer, et laissez tremper plusieurs heures. Grattez ensuite la peinture au maximum avec un couteau et nettoyez le reste avec de l'essence de térébenthine.

Sur le bois

Les taches de peinture sur le bois ne sont pas faciles à éliminer.

Voici une idée originale pour y parvenir sans difficulté :

ϑ› Servez-vous du produit en bombe aérosol que vous utilisez pour décaper les fours. Je ne pense pas que les fabricants aient pensé à cette utilisation détournée de ce genre de produit, mais c'est efficace! Essayez.
La manière de procéder est simple. Vaporisez le produit sur les taches de peinture et laissez agir pendant un quart d'heure. Une fois ces quinze minutes écoulées, vous enlèverez très facilement la peinture avec un simple chiffon.

Sur les vitres

Si la peinture a, malencontreusement, débordé sur une vitre alors que vous aviez l'intention de ne peindre que le chambranle de la fenêtre, vous apprécierez les trucs suivants :

Si le mal est fait

ϑ› Imbibez la peinture avec de l'alcool à brûler, puis grattez-la avec une lame de rasoir.

Pour ne pas avoir à utiliser l'astuce ci-dessus

La prochaine fois que vous peindrez une fenêtre, prenez l'une de ces deux précautions :

ϑ› Coupez un oignon en deux et frottez-le sur toute la surface de la vitre. La peinture « ne prendra pas ».

ϑ› Collez du ruban adhésif sur tout le pourtour du carreau. Vous pourrez peindre le chambranle plus rapidement; en effet, vous n'aurez plus le souci de ne pas « déborder », car c'est le ruban qui recevra l'excès de peinture.
Ne le décollez que lorsque la peinture est parfaitement sèche.

Plat chaud

Vous êtes pressée, le plat est chaud et vous brûle les doigts. Vite, on vous fait de la place sur la table et vous le posez précipitamment.
C'est au moment de débarrasser, que vous vous apercevez de la catastrophe : le plat chaud a laissé sa marque sur votre table.

Deux possibilités à votre disposition pour rattraper les dégâts

⊕ Faites une pâte en mélangeant de l'huile et du sel en quantités égales. Appliquez-la sur la tache et laissez agir pendant trois ou quatre heures.
Enlevez cette pâte avec une autre mixture que vous fabriquerez également vous-même :

⊕ Mélangez de l'huile et du pétrole en quantités égales. La tache aura disparu.

⊕ Mélangez un peu de pétrole avec de la cendre de cigarette et frottez avec un bouchon trempé dans cette mixture.

Résine

Sur du tissu grand teint

⊕ Agissez de la même manière que pour les taches de peinture. Utilisez un solvant (benzine ou essence de térébenthine) en prenant la précaution de le faire toujours loin d'une flamme.

Sur du tissu délicat

⊕ Passez un tampon légèrement imbibé d'éther ou d'alcool à 90°.
Ne frottez surtout pas la tache, vous ne feriez que l'étaler davantage.

Rouge à lèvres

Il est évident que l'on ne devrait se mettre du rouge à lèvres qu'après avoir enfilé son pull-over (surtout si c'est un col roulé!); on ne devrait également retirer le pull qu'après s'être démaquillée. Mais, on ne peut pas toujours penser à tout!

Donc, si vous avez taché votre pull-over de rouge à lèvres, tamponnez la tache avec un peu d'éther. Elle disparaîtra.

Rouille

Sur tous les tissus non synthétiques

Faites de nouveau confiance au citron. Pressez-le, recueillez-en le jus et salez-le.

Frottez la tache avec ce jus de citron salé puis, avec un compte-gouttes, versez de l'eau additionnée de quelques gouttes d'ammoniaque. Rincez ensuite abondamment.
Si cela ne suffit pas :

Ajoutez de l'acide oxalique (à 1 %) à de l'eau froide. Laissez agir et rincez abondamment, toujours à l'eau froide.

Sang

Tout comme pour les taches d'œuf, n'essayez jamais d'enlever les taches de sang avec de l'eau chaude.

Utilisez exclusivement de l'eau froide, sinon, quel que soit le procédé utilisé, vous ne réussiriez jamais à les faire disparaître.

Sur du tissu grand teint

θ› Frottez la tache avec du sérum physiologique (vous l'achèterez en pharmacie. Il est utilisé habituellement en pulvérisations nasales). Tamponnez ensuite avec de l'eau oxygénée à 10 volumes, puis rincez abondamment.

Sur les autres tissus

θ› Délayez de l'amidon en poudre avec un peu d'eau. Frottez la tache avec la pâte obtenue. Laissez sécher, puis brossez la croûte d'amidon.

θ› Fouillez encore dans votre pharmacie et prenez un cachet d'aspirine. Faites-le dissoudre dans un peu d'eau et imbibez la tache avec cette solution.

Sur les matelas

θ› Faites de nouveau appel à une pâte d'eau et d'amidon. Laissez sécher et brossez.

Sur les tissus d'ameublement

θ› Imbibez d'eau froide, puis lavez à l'eau savonneuse légèrement tiède et rincez.

Sur les tapis ou la moquette

θ› Absorbez au maximum la tache avec un buvard, puis tamponnez avec du vinaigre blanc. Rincez ensuite abondamment, toujours en tamponnant.

Stylo

Quoi de plus énervant qu'une tache de stylo qui s'étale, superbe, juste sur le devant du pull-over de votre fille ou sur la chemise blanche de votre mari. Du calme, de la

méthode et quelques trucs utiles à connaître en viendront à bout.
REMARQUE : Tous ces trucs doivent être utilisés avec précaution sur les textiles artificiels. Faites un essai au préalable sur une partie non visible du vêtement.

Encre à stylo

θ› Faites bouillir du lait. Frottez la tache avec un coton trempé dans le lait chaud. Renouvelez l'opération jusqu'à ce que l'encre disparaisse.

θ› Au choix :
– de l'acétone,
– de l'alcool à 90°,
– de l'alcool à brûler,
– ou encore du dissolvant à ongles, à condition qu'il ne soit pas gras.
– Enfin et toujours, du citron.
REMARQUE : L'utilisation de l'un ou l'autre de ces cinq produits est valable pour la peau et les tissus de laine ou de coton.
Prenez toujours la précaution de placer la tache sur un tissu épais qui remplira les fonctions d'un buvard.

Sur du tissu synthétique

θ› Saupoudrez la tache avec la poudre à récurer que vous utilisez habituellement pour nettoyer votre évier. Frottez et vous serez étonnée du résultat obtenu.

Sur les doigts

Frottez avec du jus de tomate.

Sucre

Il faut entendre par taches de sucre les taches provoquées par tous les produits sucrés, notamment les boissons et les bonbons.

Sur des tissus

θ› Tamponnez la tache avec un peu d'eau tiède en changeant de chiffon autant de fois que nécessaire.

θ› S'il s'agit d'une tache de couleur, ajoutez un peu d'alcool à 90° à l'eau tiède utilisée.

Sur du bois ciré

θ› Frottez avec du marc de café tiède et passez ensuite un chiffon doux.

Thé

Sur du tissu blanc

θ› Frottez avec un citron ou avec une eau savonneuse chaude.

Sur du tissu en laine ou en soie

θ› Délayez un jaune d'œuf avec de l'eau tiède, frottez légèrement et essorez.

θ› Si la tache est ancienne, tamponnez-la avec de l'eau additionnée de glycérine.

Transpiration

Dans le genre insidieux et désagréable, je crois qu'on ne fait pas mieux!
Celles ou ceux qui n'ont pas de problème de transpiration

ne connaissent pas leur bonheur. Il faut avoir étrenné un chemisier et découvrir, le soir, le dessous des manches marbré de taches de transpiration pour comprendre.
Enfin, à chacun ses maux et, heureusement, ses remèdes.

Pour les tissus garantis grand teint

θ› Mélangez un peu d'acide oxalique à de l'eau froide. Tamponnez l'endroit taché avec la solution obtenue. Rincez, puis renouvelez l'opération avec de l'eau oxygénée diluée. Rincez ensuite abondamment.

Tissus fragiles

θ› Trempez-les dans de l'eau additionnée de quelques gouttes d'ammoniaque. Rincez et, si les taches n'ont pas totalement disparu, frottez-les avec du jus de citron et faites sécher au soleil.

Vin rouge

Sur du coton blanc

θ› Cela peut sembler paradoxal, mais le meilleur remède contre les taches de vin rouge sur des tissus de coton blanc et donc sur les nappes blanches, c'est le vin blanc! Il le décolore et il ne vous reste qu'à laver à l'eau savonneuse et à rincer à l'eau légèrement javellisée.

θ› Si vous n'avez pas de vin blanc à disposition, saupoudrez sur la tache, pendant qu'elle est encore fraîche, un peu de sel fin.

Sur du tissu synthétique

θ› Lavez dans une eau froide additionnée d'un peu d'ammoniaque.

Sur la soie ou la laine

θ→ Imbibez aussitôt d'eau froide et lavez dans de l'eau savonneuse.

Sur le cuir

θ→ Passez aussitôt un tampon imbibé d'eau tiède. Agissez délicatement sans frotter. Nettoyez ensuite doucement avec du white spirit ou de l'essence de térébenthine. Cirez ensuite avec une crème de la couleur du cuir.

Sur le parquet

θ→ Passez un peu d'eau, poncez légèrement. Aspirez et cirez.

LA BEAUTÉ

Bains

Après une journée épuisante, rien de tel qu'un bon bain pour se détendre. Mais, si vous voulez en retirer le maximum de bienfaits, respectez certaines règles.

♈

Ne prenez pas des bains trop chauds. Ils fatiguent le cœur en lui imposant un effort d'adaptation trop important. Veillez à ce que la température de l'eau n'excède jamais 37 degrés.

♉

Ne restez pas dans votre bain pendant plus d'un quart d'heure. Les bains trop prolongés présentent les mêmes inconvénients que les bains trop chauds.

♊

Ne vous croyez pas obligée de prendre un bain quotidiennement; deux ou trois fois par semaine représentent une bonne moyenne car des bains trop fréquents dessèchent l'épiderme.

♋

C'est pourquoi, si vous utilisez des produits moussants,

choisissez-les de préférence surgraissés, afin de compenser cet effet desséchant.

Les bains d'herbe

Les femmes ont tendance à les oublier et c'est bien dommage car ils exercent une action extrêmement bienfaisante sur l'épiderme.

♈

Si vous voulez réparer cet oubli, choisissez l'herbe en fonction de votre peau.

♉

La bruyère et la verveine conviennent parfaitement aux peaux sèches et sensibles.

♊

Si vous avez la peau grasse, préférez la menthe.

♋

Le tilleul et la lavande seront des plus bénéfiques si vous avez la chance d'avoir une peau normale.

Pour prendre des bains d'herbe, rien de compliqué. Faites infuser l'herbe choisie dans une casserole comme si vous prépariez une tisane. Filtrez-la et versez-la dans votre bain.

Bronzage

Dès les premiers rayons de soleil, nous rêvons de bronzage. Mais, bien bronzer, c'est respecter un certain nombre de règles.

♈

L'exposition au soleil doit être progressive.

Ne vous précipitez donc pas sur la plage, dès votre arrivée en vacances, pour vous allonger au soleil du matin au soir.

♉

Prenez plutôt plusieurs bains de soleil de quelques minutes, vous éviterez les coups de soleil.

♊

Sachez également que l'on bronze mieux et plus vite en bougeant qu'en restant immobile.

♋

N'oubliez pas non plus que certains moments de la journée sont plus favorables que d'autres. Les meilleures heures pour bronzer sont avant 11 heures le matin et l'après-midi, après 16 heures.
Les rayons ultra-violets prédominent alors sur les infrarouges (les premiers faisant bronzer tandis que les derniers favorisent les coups de soleil).

♌

Renouvelez plusieurs fois dans la journée les applications de produits solaires, surtout si vous avez transpiré ou si vous vous êtes baignée.

♍

Mettez, dès les premiers jours, votre maillot de bain le plus échancré car c'est au cours de vos premiers bains de soleil que les marques de bretelles s'impriment sur la peau d'une manière indélébile.

Quelques trucs pour mieux bronzer

- Buvez du jus de carotte.
- Avalez une cuillerée à soupe d'huile d'olive après chaque exposition au soleil.

Cheveux

La chevelure est le reflet de notre santé physique et morale. Les soucis, les maladies, la fatigue ont en effet une répercussion directe sur les cheveux. Heureusement, nous avons à notre disposition une série de trucs pour les fortifier et leur rendre beauté et santé.

Pour les fortifier

θ› Consommez de la vitamine C et A que vous trouverez essentiellement dans les crudités et les agrumes.

θ› Faites infuser dans un litre d'eau 275 g de feuilles de sauge sèche (vous en trouverez dans toutes les bonnes épiceries) et 10 g de romarin. Laissez macérer trois jours en remuant de temps en temps. Passez l'infusion et ajoutez 1/4 l de rhum au liquide obtenu.
Frictionnez votre chevelure tous les trois jours, pendant trois semaines, avec cette lotion.

θ› Demandez à votre boucher de vous garder des os à moelle (de bœuf de préférence).
Placez-les dans un récipient et faites-les chauffer au bain-marie afin de faire fondre la moelle. Malaxez-la, une fois fondue, avec quelques gouttes d'huile d'olive et de rhum. Chaque matin, massez votre cuir chevelu avec la mixture ainsi obtenue.

Cheveux secs

Vous prenez bien le temps d'appliquer régulièrement sur votre visage un masque de beauté, prévoyez donc également dans votre emploi du temps une petite heure pour vous occuper de vos cheveux, surtout s'ils sont secs. Deux solutions :

θ› Mélangez deux jaunes d'œuf avec une cuillerée à café d'huile de ricin et une de rhum.

Massez votre cuir chevelu avec cette mixture et étalez-la sur vos cheveux.
Mettez un foulard et laissez reposer pendant au moins une demi-heure. Une fois ce délai écoulé, rincez abondamment.
θ→ Imprégnez-les d'huile d'olive avant de les laver.

Cheveux gras

Trois possibilités :

θ→ Soignez le mal par le mal, et imprégnez votre cuir chevelu d'huile avant de faire votre shampooing.

θ→ Ajoutez un jus de citron à la dernière eau de rinçage.

θ→ Consommez de la levure de bière, elle régularise les excès de sébum.

Si vous les perdez

θ→ Avant chaque shampooing, massez votre cuir chevelu avec un peu de sel marin et brossez pendant au moins cinq minutes.

Cheveux électriques

Dès que vous les coiffez ou les brossez, ils ne tiennent plus en place.
θ→ Mettez un peu d'eau sur vos mains et passez-les doucement sur vos cheveux avant de les coiffer.

Cheveux plus brillants

θ→ Après votre shampooing, ajoutez un peu de vinaigre à la dernière eau de rinçage. Non seulement ils seront plus brillants mais le vinaigre dissoudra le calcaire.

θ→ Si, juste avant d'aller à un rendez-vous important, votre chevelure vous semble particulièrement terne, frottez-la énergiquement avec un foulard de soie.

Cheveux blancs

Cette fois, ça y est, les quelques cheveux blancs que vous avez sont devenus très visibles.
Ils ne sont pourtant pas suffisamment nombreux pour que vous ayez recours à une teinture.

θ→ Si vous êtes blonde ou châtain clair, donnez-leur donc une jolie teinte mordorée en les baignant dans une infusion de thé.

Pour éclaircir vos cheveux

θ→ Rincez-les avec une infusion de camomille.

Teinture

C'est décidé, le rendez-vous est pris : vous allez vous faire faire une « couleur ». Vous l'aurez ce soir, cette teinte auburn qui vous fait rêver et votre mari aura la surprise. Pour être certaine qu'elle sera bonne, prenez une précaution qui est aussi un droit.

θ→ Exigez de votre coiffeur qu'il vous fasse une touche d'essai. C'est obligatoire et surtout s'il vous la propose de lui-même, ne la refusez pas. Sinon, en cas d'allergie, vous seriez seule responsable. Les femmes victimes de démangeaisons et autres maux tout aussi désagréables vous le confirmeront.
En quoi consiste-t-elle, cette touche d'essai? C'est très simple : le coiffeur vous pique le lobe de l'oreille et recueille une goutte de sang qu'il met en contact avec le produit de la teinture pour vérifier qu'il ne provoque aucune allergie. Cette précaution n'est pas obligatoire pour les décolorations, mais si vous avez facilement des allergies, signalez-le à votre coiffeur.

Mise en plis rapide

Vous êtes invitée à l'improviste chez des amis et vos cheveux sont dans un triste état.

Vous n'avez pas le temps de faire un « shampooing-mise en plis » et êtes prête à renoncer à cette sortie.

➛ Prenez de la bière et imbibez-en un tampon de coton. Passez-le sur chaque mèche et fixez ensuite celle-ci autour d'un rouleau.
Au bout d'un quart d'heure, vos cheveux seront secs et en plis.

➛ Quelques mèches, toujours les mêmes, sont particulièrement rebelles. Remettez-les dans le droit chemin en les humectant de jus de citron. Elles reprendront leur place sans difficulté.

Quand tout semble perdu!

Si vous avez l'impression que vous ne pouvez plus rien faire de vos cheveux, armez-vous de courage et faites-leur prendre un bain d'huile (et cela qu'ils soient secs, gras ou abîmés).

➛ Étalez l'huile avec un tampon de coton ou avec un pinceau sur toute la longueur de vos cheveux.
Enveloppez-vous la tête d'une serviette-éponge mouillée d'eau chaude et gardez-la au moins une demi-heure.
Ensuite rincez abondamment et faites votre shampooing.

REMARQUE : N'oubliez pas de laisser le shampooing quelques minutes avant de rincer sous la douche plusieurs fois. Si vous ne le faites pas, ne vous étonnez plus d'avoir les cheveux ternes!

Très important : une bonne brosse

Quelle que soit la nature de vos cheveux, leur longueur, leur épaisseur, n'oubliez jamais que leur alliée la plus précieuse, c'est une bonne brosse. Sans elle, pas de beaux cheveux. Ne lésinez pas sur la qualité de celle que vous utilisez, vous ne regretterez jamais le sacrifice financier que vous aurez fait si vous achetez une brosse avec des poils de sanglier.

Servez-vous-en!

Sinon à quoi bon! Matin et soir, brossez vos cheveux et pas en les aplatissant.
Baissez la tête et brossez à rebrousse-poil dessus et dessous. Il faut aérer les cheveux et répartir le sébum sur toute leur longueur. Mais attention! En tout il y a une juste mesure. Si vos cheveux sont fragiles, pas de brossage trop long ou trop vigoureux.

Dents

Souriez, oui mais avec de belles dents, saines et blanches.

♈

Ne remettez pas au lendemain votre visite chez le dentiste! Personne n'aime le bruit de la roulette mais l'attente et la négligence sont à proscrire totalement. Cela étant dit, suivez quelques conseils; ils vous aideront à avoir de belles et bonnes dents.

♉

Choisissez bien votre brosse à dents et brossez vos dents aussi bien verticalement qu'horizontalement. Ne mouillez pas votre brosse à dents avant de vous en servir. Utilisez-la sèche.

♊

Si vous enviez ceux ou celles qui ont un sourire éclatant et si vous rêvez de dents blanches :

→ Procurez-vous de la feuille de sauge et frottez vos dents au moins une fois par semaine avec cette feuille.
Ce conseil concerne, bien sûr, tout le monde mais à plus forte raison toutes celles et tout ceux qui fument, car chacun sait que le tabac jaunit les dents.

Si vous êtes fumeur, un autre truc :

➺ Frottez de temps en temps vos dents avec un petit tampon d'ouate imbibé d'eau oxygénée à dix volumes et rincez à l'eau tiède.
Attention : ne le faites pas trop souvent.

REMARQUE : Si vous avez de mauvaises dents ou si vous fumez, votre haleine en subit les conséquences.

➺ Pour pallier cet inconvénient, vous pouvez croquer des grains de café ou sucer un clou de girofle.
Cela ne sera valable, c'est évident, que si votre mauvaise haleine est due au tabac.

Épilation

En France, presque toutes les femmes sont convaincues que le rasage favorise la repousse des poils et renoncent donc à ce procédé d'épilation. Or c'est faux, c'est un préjugé non fondé et les Américaines l'ont bien compris. Elles n'hésitent pas à se servir d'un rasoir qu'il soit mécanique ou électrique.

Autres procédés

La pince à épiler, utilisée essentiellement pour les sourcils, arrache le poil avec son bulbe, ce qui excite la repousse.

♈

La cire froide ou chaude a l'avantage de laisser l'épiderme lisse et doux mais son emploi demande une certaine adresse.

♉

Je tiens d'ailleurs à vous signaler que seuls les instituts spécialisés sont qualifiés pour appliquer de la cire chaude en raison des risques de brûlure et du danger qu'il y a à l'utiliser lorsqu'on a des varices.

♊

Vous trouverez de nombreux dépilatoires vendus dans le commerce sous des formes différentes : savon, gelée, mousse aérosol, lait, crème.
Le mode d'utilisation en est simple. Il faut appliquer une couche épaisse du dépilatoire choisi puis enlever le tout avec une spatule, après un temps de pose indiqué sur chaque produit.
Surtout, respectez bien ce temps de pose. Il est important de ne pas le prolonger.

♋

Le seul procédé définitif, c'est l'épilation électrique. Lui seul élimine toute possibilité de repousse.
Ce type d'épilation ne se pratique qu'en cabinet médical, nécessite plusieurs séances et demeure très onéreux.

♌

Pour terminer ce tour d'horizon, sachez que vous pouvez fort bien avoir recours à un procédé « fait maison ».

Pressez un citron et ajoutez au jus obtenu 10 morceaux de sucre. Faites cuire jusqu'à caramélisation, laissez refroidir et appliquez la mixture obtenue sur l'épiderme à épiler.

Mains

Ne les négligez pas car les travaux ménagers les mettent à rude épreuve. N'oubliez pas qu'elles font partie intégrante de votre beauté et nécessitent des soins aussi attentifs que ceux accordés à votre visage.

Mains blanches et douces

Lorsque vous faites de la purée de pomme de terre, profitez-en pour en appliquer un peu sur vos mains.

θ› Après vous être lavé les mains, frottez-les avec du jus de citron.

θ› Elles seront toute douceur si vous leur faites prendre, pendant quelques minutes, un bain d'eau chaude salée puis un bain d'eau chaude sucrée.

Mains rougies

θ› Si vous avez les mains rougies par le froid ou par les travaux ménagers, trempez-les dans de l'eau chaude salée, massez-ies avec de l'huile d'olive.

Mains tachées

Après l'épluchage de certains légumes, des taches demeurent sur les mains, même après lavage.

θ› Frottez-les avec une pelure d'orange.

Après la lessive

θ› Si vos mains ont gardé l'odeur de l'eau de Javel, frictionnez-les avec du vinaigre puis rincez-les à l'eau chaude.

Mains moites

θ› Lavez-les souvent avec un savon dermatologique astringent. Une fois lavées, frictionnez-les à l'alcool camphré, puis talquez-les.

Maquillage

Si nous savons en jouer, il est notre allié le plus précieux. Sans lui que deviendrions-nous?

♈

Réussir son maquillage, c'est choisir le visage que l'on veut présenter aux autres et à soi-même, mais c'est aussi connaître un certain nombre de trucs :

Pour qu'il tienne

Rien de plus triste qu'un maquillage qui « s'effondre » au fur et à mesure que la journée avance! Voici deux astuces qui vous assureront le soir un visage aussi pimpant que le matin.

- Avant d'appliquer votre fond de teint, frottez votre visage avec une rondelle de citron.
- Ou vaporisez sur votre fond de teint de l'eau minérale préalablement mise au réfrigérateur.

Un teint éclatant

La femme la plus habile dans l'art du maquillage sait bien que tous les artifices du monde ne parviendront pas à rendre éclatant un visage au teint naturellement terne ou brouillé.

♈

Seuls une bonne santé, une vie équilibrée, un temps de sommeil suffisant vous assureront un teint clair.

♉

Réunir toutes ces conditions tient de la prouesse; heureusement, il y a des trucs!

- Le matin, au réveil, buvez du jus de carotte ou du jus de citron chaud. Choisissez celui que vous aimez le mieux ou encore, alternez.
- Étalez de temps en temps de la mousse de bière sur votre visage.

Ayez bonne mine

Une petite astuce « trompe-l'œil » pour avoir bonne mine les jours de fatigue.

θ→ Estompez du blush rose sur le front, sur l'arête du nez et le menton. Attention, n'en mettez pas trop, sinon vous risquez d'aller au-delà du but recherché!

Fond de teint

Le choix d'un fond de teint est délicat et important. Ne le choisissez pas trop foncé; cela accentuerait les rides d'expression ou celles du temps qui passe.

θ→ Essayez plutôt de retrouver la couleur de votre carnation, en faisant des essais sur l'intérieur de votre poignet; c'est un excellent test.

θ→ Si vous devez sortir pour aller dans un endroit éclairé par des néons, mélangez du rose à votre fond de teint. Ainsi vous ne craindrez plus de voir votre visage prendre des nuances blafardes dans cet éclairage peu flatteur.

Rouge à lèvres

Toutes les femmes attachent beaucoup d'importance au choix de leur rouge à lèvres. Elles en attendent deux qualités : une couleur stable mettant leur visage en valeur et une bonne tenue.

♈

En fait, le bâton de rouge à lèvres choisi ne répondra à ces desiderata que si vous savez vous en servir.

θ→ Avant d'appliquer votre rouge, veillez à ce que vos lèvres soient parfaitement sèches.

θ→ Pour en fixer la couleur, appliquez un glaçon sur vos lèvres.
Enfin, une méthode qui a fait ses preuves :

θ→ Passez sur vos lèvres votre fond de teint habituel, puis mettez une couche de rouge à lèvres. Poudrez légèrement et passez une seconde couche de rouge. Il tiendra et ne virera plus.

Masques de beauté

Avant de vous indiquer des recettes de masques de beauté, laissez-moi vous donner un conseil :
Attendez d'être seule chez vous pour appliquer sur votre visage le masque choisi et n'ouvrez pas si on sonne à la porte! Cela vous évitera bien des mésaventures et bien des quolibets!

♈

Ne choisissez pas un masque de beauté au hasard, mais en fonction de votre type de peau ou d'un problème particulier.

Pour nettoyer la peau

Battez un jaune d'œuf avec quelques gouttes de citron et quelques gouttes d'huile d'amande douce.
Appliquez ce mélange sur votre visage avec un pinceau et laissez-le pendant une dizaine de minutes.
Retirez ensuite avec de l'eau tiède.

Pour les peaux grasses

Battez un œuf entier en omelette. Ajoutez une cuillère à café de rhum et un filet de jus de citron.

Faites appel au concombre. Appliquez-le sur votre peau, soit en fines rondelles, soit en purée (passez-le à la moulinette). Dans les deux cas, laissez agir environ vingt minutes.

Pour les peaux sèches

Écrasez une banane et ajoutez une cuillerée à café d'amande douce ou de miel liquide.

Écrasez en les mélangeant une pêche et un jaune d'œuf.

Si vous avez les pores dilatés

Resserrez-les en appliquant sur votre visage une lotion astringente ainsi obtenue :

- Un jus d'orange additionné du tiers de son volume d'eau de rose.

Un masque décongestionnant

- Mélangez du yaourt et de la crème fraîche en quantités égales. Appliquez et laissez reposer un quart d'heure.

REMARQUE : Si vous avez un chat, enfermez-le afin de ne pas le tenter!

Un masque bonne mine

- Battez un jaune d'œuf en y incorporant un peu d'huile d'olive.

Pour avoir le teint clair

- Mélangez à parties égales, du jus de citron et du lait entier.
- Vous pouvez remplacer le lait entier par de la crème fraîche.
- Incorporez 2 cuillerées de farine de maïs à un blanc d'œuf légèrement battu en neige. Lorsque vous avez obtenu une crème onctueuse, appliquez sur votre visage et laissez sécher.
Vous ne retirerez ce masque que lorsque cette crème sera parfaitement sèche.

Ongles

Pour les fortifier

- Massez-les avec un mélange d'huile d'olive et de citron et laissez agir toute la nuit.

θ› Appliquez chaque soir de l'iode tout autour des ongles et, chaque matin, trempez-les dans de l'eau tiède additionnée de quelques gouttes de citron.

θ› Faites-les tremper pendant environ un quart d'heure dans un petit récipient contenant de l'huile d'olive tiède.

Ongles fragiles et desséchés

θ› Pour redonner de la vigueur à vos ongles, faites comme pour vos cheveux, coupez-les et si vous mettez du vernis, utilisez exclusivement un dissolvant à base d'huile.

Un remède radical :

θ› Frottez vos ongles pendant quelques jours avec une gousse d'ail épluchée. Certes, vos mains dégageront une odeur toute méridionale mais vos ongles retrouveront leur santé.

Vernis à ongles

Sachez que le vernis protège vos ongles, alors même si vous n'aimez pas le vernis de couleur, mettez-en de l'incolore et souvenez-vous que plusieurs couches minces valent mieux qu'une couche épaisse.

θ› UNE ASTUCE : Vous conserverez sans problème des flacons de vernis à ongles entamés si vous les placez dans votre réfrigérateur.

Peau

Notre peau est un véritable baromètre. Impossible de tricher avec elle et tous les artifices du monde ne réussiront pas à dissimuler les marques que laissent sur elle le temps qui passe, un état de santé déficient ou tout simplement une absence de soins quotidiens.

La fumigation

Si vous ouvrez votre dictionnaire pour y chercher la définition de ce mot trop peu connu, vous lirez : « Action de produire une fumée ou une vapeur désinfectante » et vous comprendrez alors pourquoi vous la trouvez au premier rang des soins à apporter à la peau.
Ce que je vous propose, c'est, en quelque sorte, le sauna à domicile.

θ→ Versez de l'eau bouillante dans une cuvette. Recouvrez votre tête d'une serviette et penchez votre visage au-dessus de la vapeur qui se dégage. Restez ainsi quelques minutes, cela suffira pour débarrasser votre peau de toutes ses impuretés.

Peau irritée

θ→ Appliquez sur les parties irritées des compresses imbibées d'infusion de camomille ou de tilleul.

Peau rugueuse

Les coudes, les genoux, la plante des pieds sont particulièrement concernés puisque ce sont les parties du corps ayant tendance à être recouvertes d'une peau rugueuse.

θ→ Appliquez régulièrement des compresses d'huile d'olive tiède. Laissez en contact une dizaine de minutes puis poncez très doucement. Votre peau s'assouplira.

Points noirs

Lorsqu'on en a, cela devient une obsession. Même si vous avez l'impression d'avoir tout essayé pour les éliminer, abandonnez votre scepticisme et essayez le truc suivant :

θ→ Faites bouillir du laurier et un peu de thym dans une casserole remplie d'eau. Mettez une serviette éponge sur

votre tête et, tout comme pour la fumigation, penchez votre visage au-dessus de cette infusion. Restez ainsi le plus longtemps possible.
N'essuyez pas votre visage, passez l'infusion et ajoutez à celle-ci un jus de citron. Imbibez un tampon de la solution ainsi obtenue et passez-le sur votre visage.

REMARQUE : Si vous avez beaucoup de points noirs, astreignez-vous à le faire tous les jours.

Faites de l'eau de rose

Très appréciée de nos grand-mères, elle mérite d'être réhabilitée d'autant que vous pouvez très bien la faire vous-même.

→ Faites infuser 5 poignées de pétales de rose dans un litre d'eau bouillante. Filtrez et conservez au frais.
Je vous rappelle que l'eau de rose est à la fois astringente et tonique.

Yeux

Qu'ils soient bleus, verts ou bruns, ils sont l'élément le plus important de votre visage et vous vous devez d'en prendre soin et de les mettre en valeur.

Les remèdes

Yeux gonflés

→ Frottez doucement vos paupières avec un glaçon.

Yeux cernés

→ C'est sans doute un signe de fatigue. Alors dormez plus... Mais en attendant, faites des compresses de camomille en infusion.

Paupières fripées :

θ› Appliquez une compresse trempée dans une infusion de camomille.

Les poches sous les yeux

θ› Appliquez des compresses imbibées de thé chaud et gardez-les en contact quelques minutes.
A l'infusion vous pouvez préférer une pomme de terre crue finement râpée (à appliquer également avec une compresse).

Le maquillage

Pour qu'il tienne

θ› Lorsque vous appliquez votre fond de teint, n'oubliez pas d'en mettre également sur la paupière et autour de l'œil.

Pour agrandir les yeux

θ› Étalez, sur la paupière supérieure et inférieure, un fond de teint plus clair que celui que vous utilisez habituellement.

θ› Ou bien, mettez un peu de fard à paupières d'une teinte claire juste sous les sourcils.

Eye-liner

θ› Pour que vos paupières ne tremblent pas lorsque vous l'appliquez au pinceau, ouvrez la bouche!

Crayon

Si vous préférez le crayon à l'eye-liner, deux trucs de maquilleuse :

θ› Passez rapidement la mine du crayon dans la flamme d'une allumette avant de vous en servir.

θ→ Ou tapotez la mine du crayon deux ou trois fois sur une ampoule électrique allumée.
Dans les deux cas, ce court contact avec une source de chaleur vous permettra de tracer votre trait de crayon avec beaucoup plus de facilité et de précision.

Mascara

θ→ Si vous trouvez vos cils trop courts ou pas assez épais, poudrez-les entre deux applications de mascara.

θ→ Commencer toujours par appliquer le mascara sur les cils inférieurs, vous éviterez les bavures.

θ→ Pour que vos cils, après l'application de mascara, ne soient pas collés entre eux, brossez-les avec une brosse sèche ou, si vous êtes habile, séparez-les avec une épingle.

DES TRUCS EN VRAC

Aiguilles à enfiler

Si vous n'avez pas une très bonne vue, si vous êtes maladroite ou si vous avez affaire à un fil particulièrement rebelle, bref si vous n'arrivez pas à enfiler votre fil dans l'aiguille, ne vous énervez plus.

Trempez l'extrémité de ce fil dans du vernis à ongles. Roulez le fil qui sèche aussitôt et enfilez-le dans l'aiguille sans plus tarder. Vous le ferez sans aucune difficulté.

Ail

Conservation

On a toujours besoin d'ail chez soi, que l'on soit méridional ou non, mais il ne s'agit pas de le conserver dans n'importe quelles conditions. C'est ainsi que, si vous mettez les têtes d'ail dans un panier, vous risquez de les voir se détériorer, car chacune doit être entièrement à l'air.

Adoptez donc la solution de la tresse. Non seulement c'est efficace, mais suspendue dans votre cuisine, ce sera décoratif.

θ› Prenez de la grosse ficelle et tressez-la en même temps que les tiges. Intégrez de nouvelles têtes d'ail au fur et à mesure que la tresse grandit.

Haleine

Vous aimez l'ail et ne pouvez vous empêcher de le manger lorsque vous en avez dans votre assiette.
Mais, dans les heures qui suivent, vous allez hésiter à parler d'un peu près à votre voisine ou à votre patron, car votre haleine « parfumée » ne trompera personne!

θ› Vous n'aurez plus cette crainte si à la fin du repas vous croquez quelques grains de café.

Allumettes

Dès que vous arrivez dans votre maison de campagne où vous n'avez pas encore eu les moyens de faire installer le chauffage central, vous vous précipitez sur la boîte d'allumettes pour allumer du feu.
Hélas, la maison est humide, les allumettes aussi et, après avoir essayé d'en craquer une dizaine sans succès, vous êtes au bord de la crise de nerfs.

θ› Allez tranquillement chercher votre flacon de vernis à ongles et trempez le bout de l'allumette dans celui-ci. Grattez-la de nouveau. La petite flamme bleue jaillira sans problème.

Arête

Faites-vous partie de ceux qui hésitent à manger du poisson par peur des arêtes? Cette hantise des arêtes est encore plus importante quand il s'agit des enfants. On a beau leur préparer le poisson, mettre des lunettes pour mieux déceler « les petites épines », il arrive parfois que l'une d'elles se soit

insidieusement dissimulée et ne révèle sa présence que quand il est trop tard, c'est-à-dire lorsqu'elle s'est mise en travers de la gorge.
Voici comment vous en délivrer :
θ→ Avalez aussitôt un tout petit peu de coton hydrophile, puis une mie de pain. Pourquoi? La raison en est simple. Il faut enrober l'arête et c'est ce que feront à la fois le coton et la mie de pain.
Ils entraîneront l'arête dans l'estomac et les acides gastriques se chargeront de dissoudre l'ensemble.
TRÈS IMPORTANT : *Ce n'est pas parce que la gêne procurée par l'arête a disparu qu'il faut vous croire dispensée de consulter un médecin. En effet, un fragment de l'arête peut être resté planté dans votre gorge.*
REMARQUE : Ces recommandations sont également valables lorsqu'un enfant a avalé une épingle ou un objet pointu. J'en ajoute cependant une :

θ→ N'essayez surtout pas de faire rejeter à votre enfant l'épingle qu'il vient d'avaler. Ne le faites pas cracher, ne le secouez pas. Faites-lui avaler du coton (comme pour l'arête) ou encore des asperges ou des poireaux mal cuits et emmenez-le, bien sûr, très rapidement chez le médecin.

Arrosage des plantes vertes

Pas de belles plantes vertes sans un bon arrosage.

Comment savoir quand il faut les arroser?

θ→ Tapez sur le pot avec un couteau. Si le son rendu est sourd, la terre est assez mouillée. Inutile de l'arroser. Si, par contre, le son est clair, elle a besoin d'eau.

Arrosage

N'arrosez jamais une plante avec de l'eau trop froide, ce

qui est souvent le cas de celle qui s'écoule des robinets. L'eau doit être à la température de la pièce. Alors attendez qu'elle l'ait atteinte avant l'arrosage.

➻ A cette eau d'arrosage, ajoutez quelques gouttes de vinaigre pour neutraliser le calcaire en suspension et versez l'eau doucement et uniformément.

Une astuce

➻ Lorsqu'une bouteille de vin rouge est vide, il en reste toujours un peu dans le fond. Ajoutez ce fond de vin rouge à votre eau d'arrosage. Les plantes adorent ça! De plus, si ce sont des plantes à fleurs, celles-ci seront d'une couleur plus vive.

Baignez-les

Un arrosage simple ne suffit pas et vous devez de temps en temps faire prendre un bain à vos plantes.

➻ Remplissez d'eau un seau ou une bassine et plongez-y la plante de manière que le niveau de l'eau arrive à deux ou trois centimètres au-dessus de celui du pot. Des bulles viendront se former à la surface de l'eau. Attendez qu'il ne s'en forme plus pour sortir votre plante.

Les feuilles

Elles doivent être nettoyées régulièrement, car les poussières qui se fixent sur elles les paralysent en empêchant les échanges gazeux avec l'air.

➻ Passez donc dessus, régulièrement, une éponge humide et vaporisez-les de temps en temps.

➻ Si vous voulez que les feuilles brillent, remplacez l'eau par de la bière.

Assiette fêlée

Il existe de très belles assiettes ou plus simplement des assiettes auxquelles on tient, même si leur valeur n'est pas reconnue par les antiquaires.

⟴ S'il arrive, par malheur, qu'une telle assiette soit fêlée, faites-la bouillir pendant trois quarts d'heure dans une casserole remplie de lait et assez grande pour la contenir. Lorsque vous retirerez l'assiette de ce bain de lait, vous constaterez que la fêlure n'apparaît plus.

Bac à glace

Il arrive souvent qu'on ait du mal à « décoller » le bac à glace du freezer dans lequel il se trouve.

⟴ Cela ne se produira plus si, après avoir parfaitement essuyé le dessus et les côtés du bac à glace, vous les frottez avec une bougie.

Bague

Vous vous sentez « déshabillée » si vous ne portez pas continuellement votre alliance ou une bague à laquelle vous êtes particulièrement attachée. Seulement vos doigts ont grossi ou gonflé et vous ne pouvez plus la retirer. Surtout ne forcez pas!

♈

Si, après avoir essayé l'eau savonneuse, l'alliance ou la bague refuse toujours de franchir l'articulation, essayez l'astuce suivante avant de vous résigner à aller chez un bijoutier.

⟴ Passez entre le dessus de votre doigt et la bague, une ficelle ou un morceau de ruban (sur une longueur

d'environ 15 cm), et cela en direction de votre poignet.
– Enroulez le reste de la ficelle ou du ruban autour de votre doigt de manière à le comprimer (surtout à l'articulation). Maintenez bien serré.
– Il ne vous reste plus qu'à dérouler le ruban ou la ficelle, en tirant sur la partie que vous aviez passée sous la bague en premier lieu. Le mouvement entraînera progressivement la bague qui sortira ainsi de votre doigt sans le martyriser.

Balles de ping-pong

Si vous avez chez vous des amateurs de ping-pong qui font une consommation affolante de balles, voici comment récupérer les balles cabossées.

Faites-les bouillir quelques minutes dans de l'eau. Les bosses auront disparu.

Biscottes

Ah! ces petits déjeuners au cours desquels, à peine réveillés, on essaie de beurrer des biscottes avec un beurre qu'on n'a pas pensé à sortir la veille du réfrigérateur! Quel désastre! On en casse une, l'autre s'émiette et on finit par y renoncer. Le remède est pourtant simple :

Sortez-les du paquet par groupe de trois ou quatre et surtout laissez-les dans l'ordre où elles sont.
– Beurrez la biscotte qui se trouve dessus, puis, une fois beurrée, mettez-la sous le tas. Procédez de même pour la seconde, puis pour la troisième. Vous pourrez désormais aborder vos petits déjeuners, l'âme sereine.

Bocaux

Toutes celles qui font stériliser des bocaux savent bien que le risque est grand de les voir se heurter, d'où risque de casse.

→ Vous n'aurez plus ce problème si vous passez, autour de chaque bocal, le caoutchouc dont vous vous serviez l'an dernier pour les boucher.
Chaque bocal sera ainsi muni d'une sorte de pneu qui l'empêchera d'aller « trinquer » un peu fort avec son voisin.

Bois blanc

Pas trop onéreux, on en fait des étagères ou bien on achète des petits meubles avec l'intention de les teinter.

Préparation du bois

→ Lavez tout d'abord le bois à l'eau très chaude sans oublier la tranche. D'ailleurs, même quand l'ensemble du bois est sec, mouillez de nouveau les sections, sinon elles absorberont trop de teinture et seront plus foncées que le reste. Laissez ensuite sécher complètement.

Teinture

Deux possibilités :

→ Brou de noix : Achetez-le en concentré et diluez-le dans de l'eau tiède. Ajoutez 20 grammes de cristaux de soude par litre d'eau. Une fois ce mélange fait, faites un essai sur un endroit non visible du meuble; vous verrez ainsi si la teinture obtenue vous convient.

→ Chicorée : Faites bouillir 10 cuillerées à soupe de chi-

corée dans un litre d'eau pendant 10 minutes. Filtrez et étalez. La teinte obtenue avec la chicorée est assez claire. Si vous désirez une nuance plus acajou, remplaçez-la par du marc de café.
– Vous l'emploierez humide et l'étalerez avec une brosse.

REMARQUE : Que vous utilisiez du brou de noix ou de la chicorée, étalez-les avec une éponge plutôt qu'avec un pinceau et mettez des gants.

Boissons gazeuses

Tous les enfants aiment les boissons gazeuses; seulement, quand la bouteille est entamée (si l'on ne possède pas de bouchon spécial pour la fermer), le gaz s'échappe et ce petit monde est déçu car le goût pétillant a disparu.

→ Vous conserverez l'effet gazeux d'une boisson si, après avoir remis le bouchon d'origine, vous collez du ruban adhésif autour de celui-ci et mettez la bouteille ainsi fermée dans votre réfrigérateur. Mais, attention! tête en bas!

Bottes

Le souci de toutes celles et de tous ceux qui portent des bottes est d'éviter les plis qu'elles font au niveau des chevilles. Tirer dessus n'y change rien; c'est lorsqu'elles sont au repos, lorsque vous ne les portez pas, qu'il faut agir. Voici comment :

Pas de pli

→ Prenez deux bas usagés et bourrez-les de papier journal froissé. N'hésitez pas à en mettre beaucoup puisque le but est d'obtenir une sorte de cylindre rigide,

dont la circonférence doit être égale à celle de vos chevilles et la hauteur à celle de vos bottes.
– Nouez le sommet du bas avec un ruban ou une ficelle, puis coupez ce qui dépasse. Dès que vous enlevez vos bottes, glissez les cylindres ainsi obtenus dans chacune des bottes et suspendez celles-ci.

Suspendez-les

⊕ Tendez une ficelle sous la planche de votre penderie et suspendez-les en les maintenant tout simplement avec des pinces à linge.

Enfilez-les facilement

Il arrive fréquemment qu'on ait des difficultés pour mettre ou enlever des bottes un peu étroites et qui n'ont pas de fermeture à glissière.

⊕ Vous ne vous énerverez plus si vous collez à l'intérieur de vos bottes, tout à fait derrière, le long de la tige, et du haut jusqu'en bas, un ruban de satin assez large. Votre talon glissera sur le satin, ce qui fera toute la différence!

Bouchons

Qu'ils soient en liège ou en métal, qu'ils ferment des bouteilles ou des bocaux, ils sont souvent récalcitrants. Le premier réflexe consiste généralement à appeler l'homme de la maison pour qu'il nous prête main-forte. Mais, si vous êtes seule et si votre énergie ne suffit pas non plus, ayez recours à l'un des trucs suivants :

Bouchon de métal

Les plus coriaces sont les bouchons qui ferment les bocaux

de produits sucrés (confiture, sirop, miel, etc.). Deux solutions :

θ→ Vous serez la plus forte si vous plongez le bocal du couvercle récalcitrant, la tête en bas, dans une cuvette d'eau bouillante. Après ce bain forcé, vous le dévisserez sans effort.

θ→ Prenez un morceau de toile émeri ou de papier de verre et tournez le bouchon avec celui-ci. Ainsi votre main ne glissera plus.

Bouchon de liège

Si vous ne trouvez plus le bouchon qui fermait votre bouteille de bon vin et si, après maintes recherches, celui que vous avez trouvé est trop gros, deux possibilités :

θ→ Faites-le tremper pendant quelques minutes dans de l'eau bouillante. Vous l'enfoncerez alors sans problème.

θ→ Faites une entaille en forme de « V », dans le bouchon. Comprimé par le goulot, il prendra la taille qui convient.

Bouchon de vidange

Si vous ne pouvez plus retirer le bouchon de vidange de votre baignoire ou de votre lavabo parce que la chaîne ou l'anneau qui le retenait a cassé, ne vous abîmez pas les ongles en essayant de le récupérer.

θ→ Empruntez à votre fils une fléchette à bout caoutchouté, ou prenez un crochet à ventouse (utilisé pour suspendre les torchons) et appliquez sur le bouchon. Vous « l'aspirerez » sans problème.

Bougie

De toutes formes, de toutes couleurs, elles font de plus en plus partie intégrante de la maison et ne sont plus, heureusement, destinées seulement à suppléer aux pannes d'électricité.
Nous redécouvrons avec elles le charme des dîners aux chandelles mais nos nappes sont souvent les victimes de ces charmants repas.

Les coulures

Il y a heureusement deux moyens fort simples de les éviter :

⊕ Avant de vous servir de vos bougies, faites-les tremper pendant une nuit dans de l'eau bien salée. Après ce bain, elles ne couleront plus.

⊕ Vous parviendrez au même résultat en les frottant avec un savon humide.

Bougies trop grosses

Si vous avez la mauvaise surprise de constater en arrivant chez vous que vous avez acheté des bougies trop grosses pour vos bougeoirs, n'essayez pas de les faire entrer de force, vous risqueriez de les casser.

⊕ Trempez plutôt l'extrémité de la bougie dans de l'eau chaude et introduisez-la dans le bougeoir. Elle s'y adaptera facilement.

Nettoyage

Les bougies s'encrassent facilement et perdent ainsi très vite leurs couleurs. Comme n'importe quel autre objet décoratif, elles ont besoin d'un entretien régulier.

Bougies décoratives

θ→ Nettoyez-les, soit en les brossant avec de l'eau savonneuse, soit en les frottant avec un tampon imbibé d'alcool à brûler.

Bougies blanches

θ→ Vous les empêcherez de jaunir en les nettoyant régulièrement avec de l'alcool à brûler.

Faites-les vous-même

Des idées pour faire vous-même des bougies et cela sans bourse délier :

θ→ Gardez les emballages de cire qui entourent certains fromages. Coupez-les et remplissez de petits récipients (par exemple les couvercles des bombes de laque) avec les morceaux obtenus. Faites-les fondre au bain-marie et mettez une mèche au centre. Vous obtiendrez ainsi de fort jolies bougies rouges ou jaunes ou les deux à la fois.

θ→ Récupérez les restes de bougies et appliquez le même principe. Avec de l'imagination, en mélangeant les couleurs, vous obtiendrez des bougies fort originales et gratuites.

Bouquets

Il ne suffit pas d'avoir de jolies fleurs pour être certaine de bien décorer la maison, encore faut-il savoir les mettre en bouquet.
Les Japonaises sont, vous le savez, expertes en la matière, mais, rassurez-vous, sans prétendre faire aussi bien qu'elles, vous pouvez néanmoins, avec quelques principes de base, composer de très jolis bouquets.

♈

Prévoyez bien l'emplacement du bouquet en fonction des fleurs et de l'endroit où vous le poserez.
Ainsi, ne disposez pas un bouquet de fleurs aux couleurs vives et variées devant un papier fleuri ou des tentures à ramages!

♉

En ce qui concerne le bouquet lui-même, ne croyez pas qu'il soit nécessaire de rassembler beaucoup de fleurs pour obtenir un meilleur effet. Les bouquets gagnent à être légers. De plus, si vous mettez peu de fleurs, vous pourrez ajouter quelques feuillages qui aéreront l'ensemble.

♊

Autre point important : disposez les fleurs dans des sens différents tout en respectant leur tendance naturelle.

♋

Sachez, d'autre part, que l'on ne doit pas utiliser les mêmes vases pour tous les bouquets.
Un vase bas pour un bouquet rond et un vase haut pour les bouquets très fournis.

♌

Enfin, n'oubliez pas que les pique-fleurs peuvent être d'un grand secours. Ils ne coûtent pas très cher et vous assureront des bouquets réussis.

Bouteille en plastique

L'eau minérale est maintenant presque exclusivement vendue en bouteilles de plastique. C'est moins lourd, incassable, donc très commode, mais quel problème quand on veut les faire tenir dans la poubelle! Elles sont tellement grandes! Au lieu de vous énerver, essayez donc le truc suivant :

θ→ Versez dans la bouteille un verre d'eau bouillante puis pliez-la. Vous le ferez aussi facilement que si elle était en papier.

Boutons

Savoir coudre un bouton, c'est vraiment enfantin et tout le monde en est capable, mais savoir bien le coudre en tenant compte à la fois du tissu et du fil, c'est déjà plus difficile. A moins de connaître quelques astuces :

Le fil

Nous utilisons généralement du fil de lin parce qu'il est plus résistant que le fil de coton. Mais à chaque avantage, ses inconvénients : ce fil glisse assez mal.

θ→ Ce ne sera plus le cas si vous mettez un tout petit peu d'encaustique sur votre pouce et votre index et si vous pincez le fil sur toute sa longueur entre ces deux doigts.

Sur un tissu épais

On ne coud pas un bouton sur un manteau de la même manière que sur une chemise, l'épaisseur du tissu étant très différente.

♈

Voici deux possibilités qui vous permettront, l'une ou l'autre, de coudre sans problème un bouton sur un tissu épais :

θ› Au lieu du fil traditionnel, utilisez du fil élastique. Ce système est particulièrement efficace pour la fourrure, la peau ou le drap très épais.

Vous savez qu'il est bon de laisser une tige, un pied, c'est-à-dire quelques millimètres de fil entre le bouton et le vêtement. Mais ce n'est pas toujours facile à réaliser.

θ› Vous y parviendrez facilement en mettant une allumette entre le bouton et le vêtement. Cousez en passant le fil de part et d'autre de l'allumette. Retirez-la et entourez le fil très serré autour de la tige ainsi obtenue.

Broderie

Certaines femmes, en dépit de la vie trépidante et de toutes leurs préoccupations, trouvent encore le temps de broder. Cet art de la broderie, qui était l'un des passe-temps favoris de nos grand-mères, voire de nos arrière-grand-mères, est devenu relativement rare de nos jours et nous ne pouvons que le regretter. Raison de plus pour aider celles qui brodent encore et mettent parfois longtemps avant de terminer leur ouvrage.

θ› Si les impressions de votre broderie pâlissent, repassez-les sur l'endroit à fer chaud, ainsi vous n'aurez plus à craindre que les dessins s'effacent.

Brosse à dents

Nous devrions nous laver les dents au moins trois fois par jour, c'est-à-dire après chaque repas. Certes, ce n'est pas toujours facile, mais pas toujours impossible non plus. Pour un brossage des dents efficace, il est indispensable d'avoir une bonne brosse et de savoir s'en servir. Celle-ci ne doit être ni trop dure, ni trop souple.

- Pour assouplir une brosse à dents neuve, faites-la tremper pendant 24 heures dans de l'eau salée.

♈

La brosse doit être toujours sèche; or si vous respectez la règle des trois fois par jour, c'est difficile. La solution?

- Avoir plusieurs brosses, celle du matin, celle de midi et celle du soir.

Buée

En toutes circonstances, la formation de buée est désagréable. Vous venez de prendre un bain et vous voulez vous regarder dans la glace? Un nuage de buée vous en empêche.

♈

Vous roulez en voiture, il fait froid et la buée qui se forme sur le pare-brise vous gêne considérablement. Il vous faut l'essuyer continuellement, pour maintenir votre visibilité.

♉

Vous portez des lunettes, il fait froid dehors et vous pénétrez dans une pièce très chauffée. Il vous faut choisir : ou vous les enlevez ou vous les essuyez.

♊

Pourtant trois remèdes sont à votre disposition :

- Frottez avec de l'alcool à 90° vos lunettes, pare-brise ou miroir.
- Même principe avec un morceau de savon sec.
- Ou encore, avec un tampon ou une éponge imbibée de quelques gouttes de shampooing.

Dans ces deux derniers cas, essuyez avec une peau de chamois.

Cambriolage

Si vous êtes déjà en vacances, ces conseils vaudront pour la prochaine fois, mais si vous vous préparez à boucler votre valise, prenez le temps de lire ces quelques conseils et de les suivre. Vous éviterez peut-être ainsi de mauvaises surprises à votre retour.

θ› Ne laissez pas votre courrier s'entasser dans la boîte aux lettres, ce serait un signe évident de votre absence. Arrangez-vous avec une voisine ou avec votre concierge.

θ› Si vous habitez un appartement, pour la même raison, laissez votre paillasson devant votre porte. Ne faites pas de zèle en le rentrant.

θ› Fermez soigneusement toutes les issues. Sachez que les voleurs pénètrent souvent dans un appartement sans aucune effraction, profitant seulement de la négligence de ses occupants. Alors vérifiez la fermeture des portes de cave ou de garage, des vasistas et des baies vitrées...

θ› N'oubliez pas dans le jardin des outils qui pourraient servir de levier et, bien sûr, ne laissez pas d'échelle à disposition, ce serait vraiment tenter le diable!

θ› Si vous vous entendez bien avec vos voisins, demandez-leur de venir, de temps en temps, ouvrir vos fenêtres (ils pourront en même temps arroser vos plantes), c'est un bon moyen de dissuasion.

θ› Enfin, si tous ces conseils ne vous semblent pas utiles à suivre, sachez qu'en 1976, il y a eu un cambriolage toutes les 3 minutes! Cela donne à réfléchir.

Camembert

Choisir un camembert, quel problème! Que d'hésitations devant ces petites boîtes rondes qu'on ouvre les unes après les autres en pointant un index inquisiteur! Le pire, c'est qu'une fois entamé, les soucis continuent car le camembert coule, surtout s'il a été acheté « bien fait ». Pour qu'il ne se répande pas dans la boîte au lieu de rester dans sa croûte, une solution :

θ→ Posez la boîte de camembert sur la tranche et non pas à plat. Ainsi la boîte roulera pour trouver elle-même sa bonne position, à savoir la partie remplie par le fromage vers le bas, et la partie vide vers le haut.

Camping

5 millions de personnes choisissent la formule du camping pour passer leurs vacances, 5 millions auxquels s'ajoutent chaque année de nouveaux adeptes.
Le camping a ses règles, il est bon de les connaître.

Camping dit « sauvage »

Sachez tout d'abord qu'en France, le camping est libre et, que par conséquent, vous pouvez, en principe, vous installer où vous voulez.

♈

Mais, du principe à son application, il y a une nuance importante. En effet, vous pouvez vous installer où vous voulez, à condition d'en avoir l'autorisation.

θ→ S'il s'agit d'un terrain privé, il vous faut celle du propriétaire.

Si vous rêvez d'une forêt, c'est au responsable de l'Office national des forêts qu'il faudra vous adresser.

Sachez cependant qu'en aucun cas vous ne pouvez camper :
– sur une plage,
– dans un site classé ou protégé,
– à moins de 500 mètres d'un monument historique,
– dans un rayon de 200 mètres autour des points d'eau servant à la consommation publique.

REMARQUE : Vous voyez que le camping sauvage est en fait parfaitement réglementé, donc beaucoup moins libre que son appellation pourrait le laisser croire.

Terrains de camping

Là, pas de méprise possible. La France compte quelque 5 000 terrains de camping aménagés et classés par étoiles.

♈

Dans un camp 1 étoile, vous trouverez lavabo et douches, mais généralement avec eau froide uniquement.

♉

Dans un 2 étoiles, vous pourrez en plus vous raser avec un rasoir électrique puisqu'il doit y avoir des prises prévues à cet effet.

♊

Pour 3 étoiles, les douches seront avec eau chaude et vous trouverez un terrain de jeux aménagé, le téléphone et une possibilité de ravitaillement sur place.

♋

Enfin, le 4 étoiles, c'est le grand confort, puisque s'y trouve réuni tout ce que je viens de vous citer avec, en plus, un service de boissons fraîches.

Chaises cannées

Les chaises cannées sont très confortables mais elles présentent un défaut. Au bout d'un certain temps, le cannage s'affaisse en raison précisément de cette souplesse qui en est la qualité première.
Ne mettez pas dans la cave une chaise dont le cannage est affaissé, en vous disant que vous le ferez refaire un jour. Le remède est beaucoup plus simple que ça.

θ→ Retournez la chaise (pieds en l'air), mouillez abondamment le cannage sur l'envers avec de l'eau bouillante et mettez-le à sécher aussitôt le plus près possible d'une source de chaleur : plein soleil ou radiateur, par exemple.

REMARQUE : Toute la réussite de l'opération dépend de ce contact avec une chaleur intense, alors pensez-y à l'avance, sinon le cannage ne se retendra pas.

Champagne

Pour les étrangers, champagne est synonyme de France, de Paris! Pour nous, une fête n'en est pas tout à fait une si on n'ouvre pas, à grand renfort de bouchons qui sautent (ou ne sautent pas), une bouteille de ce vin blanc mousseux.
Seulement, une fois que la bouteille est entamée, pas question de remettre le bouchon et même si on en met un autre, cela ne change rien, le champagne s'évente. Il y a pourtant une solution extrêmement simple pour boire le lendemain un champagne aussi pétillant que la veille.

θ→ Placez la queue d'une cuillère à café dans le goulot de la bouteille (à la place du bouchon). Incroyable mais vrai : ça marche!

Chaussures

« Si vous voulez aller loin, ménagez vos chaussures », ai-je envie de vous dire et nous pourrions sans doute reconnaître tous en chœur, que le « mal aux pieds », tout en étant l'un des maux les moins plaints, est cependant l'un des plus douloureux.

Chaussures qui blessent

Si vos chaussures sont trop étroites et vous serrent, ne vous résignez pas à souffrir ou à les abandonner définitivement dans un placard, les solutions existent.

θ→ La première fait appel à l'alcool à brûler. Badigeonnez-en l'intérieur de la chaussure. Mettez-la aussitôt afin qu'elle épouse parfaitement la forme de votre pied. Renouvelez l'opération aussi souvent que nécessaire.

θ→ Si l'alcool à brûler ne vous inspire pas ou si vous redoutez son odeur, procédez de la même manière, mais avec de l'eau chaude.

θ→ Toujours avec de l'eau chaude, vous pouvez aussi mouiller du papier journal, l'essorer et en bourrer vos chaussures. Laissez-les ainsi pendant au moins 24 heures et, là aussi, recommencez l'opération tant que vous ne vous sentirez pas à l'aise dans vos chaussures.

θ→ Autre possibilité : si vous avez des embauchoirs, recouvrez-les d'un linge mouillé, bien essoré.

θ→ Si vous avez des embauchoirs d'une pointure supérieure à la vôtre, c'est encore mieux. N'hésitez pas à les utiliser.

θ→ Enfin, mettez vos chaussures au-dessus d'un récipient contenant de l'eau en ébullition. Lorsque le cuir est bien ramolli, chaussez-les.

Chaussures qui grincent

Ne pas pouvoir marcher sans qu'à chaque pas, la chaussure émette un grincement plaintif, quoi de plus énervant? On en est alors réduit à cette alternative : rester définitivement assis ou décider de marcher pieds nus!
Je vous propose une solution plus efficace : « mettre les pieds dans le plat ».

θ→ Prenez un récipient creux, versez-y un peu d'huile de lin. Posez vos chaussures dedans de manière que seules les semelles soient immergées. Faites cela un soir afin qu'elles aient toute la nuit pour bien s'imprégner d'huile de lin. Le lendemain matin, elles ne grinceront plus.
Ce procédé a un autre avantage non négligeable : celui d'imperméabiliser vos semelles.

Chaussures glissantes

Dernier des ennuis que peuvent nous réserver nos chaussures : les glissades. Contre ce risque, trois solutions :

θ→ Frotter les semelles avec du papier de verre.

θ→ Ou une demi-pomme de terre crue.

θ→ Ou encore coller sur les semelles des rustines habituellement utilisées pour réparer les chambres à air.

Chaussures qui déteignent

Cela ne devrait pas arriver mais, dans la réalité quotidienne, il est possible que cela se produise. Le remède est simple.

θ→ Passez un peu de vernis incolore à l'intérieur de vos chaussures et, bien sûr, attendez qu'il soit parfaitement sec avant de les mettre.

Chaussures de bébé

Toutes les mamans de jeunes bébés savent qu'ils adorent

porter à leur bouche tout ce qui est à leur portée, y compris... leurs petites chaussures.

⊖→ Si votre bébé suce avec plaisir ses chaussures, nettoyez-les avec du lait démaquillant à la lanoline. Vous serez plus tranquilles.

Chou

Le chou est un excellent légume, mais il a également une autre vertu méconnue et non culinaire. Il peut vous permettre de nettoyer vos tapis.

⊖→ Coupez en deux un chou bien serré et servez-vous de chaque moitié comme d'une brosse. Vous serez étonnée du résultat obtenu et il ne vous restera plus qu'à passer l'aspirateur pour enlever les débris.

Ciseaux

« Rémouleur, rémouleur. » On entend de moins en moins ce cri dans les rues de nos villes et de nos villages, et c'est bien dommage.
D'abord parce que cela nous confirme que tout un monde de petits artisans est en train de s'éteindre et, ensuite, parce que se pose le problème de l'aiguisage de nos ciseaux. Plusieurs solutions sont cependant à notre disposition pour les aiguiser nous-mêmes.

⊖→ Prenez une feuille de toile émeri pas trop épaisse et coupez-la à plusieurs reprises avec votre paire de ciseaux.

⊖→ « Faites semblant » de vouloir couper avec les ciseaux le goulot d'une bouteille en verre. Certes, vous n'y parviendrez pas (et ce n'est pas le but recherché!), mais vos ciseaux, après cette petite opération, couperont mieux!

→ Faites-les tremper toute la nuit dans un mélange d'un tiers de pétrole et de deux tiers d'huile de table. Le lendemain matin, essuyez-les avec un chiffon. Vous serez étonnée du résultat.

REMARQUE : Vous éviterez tous ces problèmes d'aiguisage si vous avez plusieurs paires de ciseaux. On ne doit pas couper du papier avec les ciseaux qu'on utilise pour la cuisine ou la couture.

Clous

« Ah! quel bonheur d'avoir un mari qui bricole », nous dit la chanson et rien n'est plus vrai. Mais si le vôtre n'est pas capable, malgré toute sa bonne volonté, de planter un clou sans se taper sur les doigts, aidez-le en lui indiquant ces quelques astuces. Peut-être l'encourageront-elles à prendre le « virus » du bricolage.

Pour enfoncer un clou

→ Qu'il soit grand ou petit, trempez le clou dans de l'huile, du savon ou de la cire avant d'essayer de l'enfoncer. Il glissera mieux et ne risquera plus de se plier.

Pour les petits clous

→ Piquez-les dans un petit morceau de carton (assez fort pour être tenu sans se plier).
Ainsi, au moment de planter le clou, vous tiendrez le carton et ne risquerez plus de vous taper sur les doigts.

Si vous clouez des baguettes

→ Émoussez la pointe du clou avant de l'enfoncer. Vous aurez moins de risque que la baguette se fende.

Pour que le clou tienne mieux

➾ Trempez la pointe du clou dans de l'eau salée. La rouille ainsi provoquée maintiendra le clou en place.

Coffre à jouets

Dès leur plus jeune âge, il est bon de donner aux enfants l'habitude de ranger eux-mêmes leurs jouets.
La solution du coffre à jouets est idéale. Il est au niveau de leur petite taille et le système du couvercle qui se rabat est tout à fait à leur portée, mais attention aux petits doigts écrasés!
Je vous propose une astuce fort simple pour que les doigts de bébé n'encourent plus ce risque.

➾ Collez une rondelle de bouchon en liège (d'un centimètre environ) sur les deux coins avant du coffre à jouets. Cela laissera un espace suffisant pour les petits doigts.

Collants

Toutes les femmes ou presque ont adopté les collants, et celles qui portent encore des bas sont de moins en moins nombreuses.
Certes, le collant est bien plus commode et évite le système un peu archaïque du porte-jarretelles mais, à chaque avantage ses inconvénients, quand il est filé, pas de recours! Les bas permettaient, si on en achetait plusieurs paires semblables, de les appareiller.
Enfin, n'ayons pas de regret, pour les collants comme pour le reste, il y a des trucs!

Prolonger leur vie

- Prévoyez, dans la boîte où vous rangez vos collants, une paire de gants fins et usagés. Mettez-les toujours avant d'enfiler vos collants. Vous éviterez ainsi que les doigts ou les ongles n'accrochent.

- Lavez-les chaque soir et *faites fondre un morceau de sucre* dans la dernière eau de rinçage. Si vous les laissez tremper dans cette eau sucrée pendant quelques instants, ils seront beaucoup plus résistants.

Si vous êtes pressée

Il ne vous reste plus qu'un collant déjà porté et vous devez sortir. Vous hésitez à le laver, car jamais vous ne pourrez attendre qu'il soit sec.
Lavez-le, mais voici le détail qui change tout :

- Après l'avoir bien essoré, étalez-le sur une serviette éponge bien épaisse et roulez la serviette en la tordant fortement sur elle-même. Un quart d'heure plus tard, votre collant sera sec.

Arrêter la maille qui file

Le tout, c'est de s'en apercevoir à temps!
Dans ce cas, trois solutions :

- une goutte de vernis à ongles incolore,
- une pointe de colle,
- ou encore, frottez avec un petit morceau de savon.

Ne les jetez pas!

Prévoyez un sac dans lequel vous garderez tous vos collants hors d'usage. Vous pourrez très bien bourrer vos coussins avec.

Colle

Il est certain que les colles vendues dans le commerce et adaptées à chaque matériau sont les plus efficaces.
L'astuce suivante est valable en cas de dépannage, pour un jour où vous n'avez plus de colle :

θ→ Mélangez quelques pincées de farine et quelques gouttes de vinaigre jusqu'à ce que vous obteniez une pâte souple qui s'étale au pinceau.

Crochets

Qu'ils soient à ventouse ou auto-collants, ils vous rendent de multiples services tant dans la cuisine que dans la salle de bains; mais encore faut-il qu'ils tiennent! Quelle est celle d'entre nous qui n'a jamais retrouvé une serviette de toilette ou un torchon par terre, ainsi que le crochet, bien sûr!
Un peu d'imagination et cela ne se produira plus.

A ventouse

θ→ La ventouse doit être parfaitement sèche, c'est une condition absolue pour qu'elle adhère au mur. Si vous passez dessus un tampon imbibé d'éther, ce sera mieux.

Autre possibilité complètement opposée à la précédente :

θ→ Faites tremper la ventouse dans de l'eau bouillante et appliquez-la aussitôt, en appuyant fortement.

Crochets auto-collants

Si, comme leur nom l'indique, ils étaient parfaitement auto-collants, il n'y aurait pas de problème, mais ce n'est pas toujours le cas.
Une idée pour qu'ils le deviennent complètement :

⟴ Enduisez-les de vernis à ongles transparent. Ils ne bougeront plus.

Cuillère

Bébé refuse désormais que vous l'aidiez à manger et vous ne pouvez que vous en réjouir. Hélas, la petite cuillère glisse souvent sur le bord de l'assiette et tombe dans le potage. Ça l'énerve et vous aussi.
Une idée toute simple pour que cela n'arrive plus :

⟴ Glissez autour du manche, un bouchon en plastique qui retiendra la petite cuillère au bord de l'assiette.

Disques

Le rangement et le nettoyage des disques posent des problèmes. Il y a les partisans du rangement horizontal et ceux du rangement vertical. Que vous apparteniez à l'une ou à l'autre de ces deux catégories, connaissez-vous les trucs suivants?

Rangement

Horizontal

⟴ Prévoyez d'aménager des étagères pas trop distantes les unes des autres afin que les disques ne pèsent pas trop sur ceux du dessous. De plus, ce sera plus facile pour la sélection.

Vertical

Le danger, si vous adoptez ce type de rangement, est de voir les disques glisser et se déformer en s'inclinant. Une astuce qui change tout :

θ› Recouvrez l'étagère qui les supporte de carton ondulé. Chaque disque trouvera sa place entre les stries du carton et, si vous craignez que ce ne soit pas très esthétique, rien ne vous empêche de le peindre.

Entretien

Pour l'entretien courant des disques, servez-vous d'un chiffon antimagnétique, mais cela ne doit pas vous dispenser de les nettoyer en profondeur de temps en temps.
Pour ce faire, deux solutions :

θ› L'eau distillée.

θ› L'eau froide additionnée d'alcool à 90°.
Passez doucement sur le disque un tampon imprégné de l'une ou de l'autre (sans appuyer) et laissez sécher.

UNE RÈGLE D'OR : Placez toujours vos disques loin d'une source de chaleur.

Échardes

Qui ne s'est jamais enfoncé une écharde dans le doigt ou dans la main? C'est douloureux et la méthode classique la plus fréquemment mise en application consiste à aller dénicher l'écharde avec une épingle, préalablement rougie. Ce mode d'investigation se révèle relativement efficace mais souvent douloureux.
Un truc pour qu'il le soit moins :

θ› Frottez l'endroit à « opérer » avec un glaçon : il sera beaucoup moins sensible.

Moins connu mais tout aussi efficace

Le système décrit précédemment présente un inconvénient : si l'écharde s'effrite ou se casse, on ne peut pas la retirer entièrement.

C'est pourquoi je vous propose un autre truc, absolument pas douloureux et s'appliquant aussi bien aux échardes métalliques ou végétales qu'aux épines d'oursin.

θ→ Désinfectez parfaitement à l'alcool camphré; n'hésitez pas à le faire plusieurs fois.
Faites ensuite un pansement avec de l'huile à brûler (huile de pétrole). L'écharde sera lubrifiée.

Élastique

Plutôt que d'utiliser une épingle de nourrice pour changer l'élastique d'un pyjama ou d'un maillot de bain, voici ce que je vous propose :

θ→ Cousez l'élastique neuf au vieux, et tirez sur ce dernier. C'est simple (mais il fallait y penser!) et ne demande que quelques secondes.

Engelures

Rougeurs et engelures appartiennent à cette catégorie des petites souffrances quotidiennes qui ne retiennent pas particulièrement l'attention mais qui, pourtant, embarrassent beaucoup toutes celles et tous ceux qui en sont les victimes. Si vous faites partie de ceux à qui les premiers froids colorent les pieds et les mains d'un rouge violacé, et dont le visage est sensible à la couperose, retenez ce conseil :

θ→ Faites de la soupe de céleri en branches. Prenez des bains de pieds et de mains dans cette soupe et appliquez-la en compresses sur votre visage.
Prévoyez des bains ou des applications d'une dizaine de minutes chaque jour.
Vous serez stupéfaits du résultat. Et ne gardez pas ce truc pour vous, faites-en profiter vos amis.

Engrais

Les plantes vertes, tout comme nous, ont non seulement besoin de boire, mais également de se nourrir.
Il existe, certes, des engrais vendus à cet effet, mais vous avez également la possibilité d'en trouver chez vous de très efficaces, sans bourse délier.

➾ Ne jetez pas votre marc de café. Mélangez-le à du sucre en poudre et déposez ce mélange au pied de vos plantes. Elles apprécieront beaucoup ce fortifiant qui, entre autres qualités, empêchera leurs feuilles de jaunir.

➾ Faites infuser des feuilles de thé et faites-les pénétrer dans la terre. Vos plantes s'en trouveront vivifiées.

➾ Même principe, mais cette fois en mélangeant des coquilles d'œuf préalablement broyées avec du sucre en poudre. Faites également pénétrer dans la terre.

➾ Pour mémoire, le vin rouge est également très apprécié des plantes vertes (voir « Arrosage »).

Enveloppes

On peut rencontrer trois types de problèmes en matière d'enveloppes :
– Elles refusent de coller.
– Elles collent les unes aux autres.
– Elles sont trop petites.
Voyons, point par point, les solutions correspondant à chacune de ces situations :

Elles refusent de coller

➾ Vous avez, bien sûr, la solution du ruban adhésif ou de la colle tout simplement; mais si vous n'avez sous la main ni l'un ni l'autre, allez chercher votre flacon de vernis à ongles incolore; il fera parfaitement office de colle.

Elles collent les unes aux autres

Votre paquet d'enveloppes forme presque un tout et vous risquez de les déchirer si vous insistez. C'est probablement que l'endroit où vous les rangez est bien trop humide.

θ› Branchez votre fer à repasser. Réglez le thermostat sur « tiède » et repassez les enveloppes. Vous pourrez en prendre une ou plusieurs sans problème.

Elles sont trop petites

C'est évident, jamais le document que vous devez expédier ne tiendra dans cette enveloppe. Votre bon sens vous souffle : « Prends-en deux! » et il a raison.

θ› Mettez le document dans l'une des enveloppes. Il va dépasser et c'est normal.
– Prenez l'autre enveloppe et glissez-la de manière à recouvrir le reste du document, mais tête-bêche par rapport à la première enveloppe.
Il ne vous restera plus qu'à coller le rabat de la première enveloppe sur la face de la seconde et vice-versa.
Une fois cette opération terminée, votre document sera expédié dans une enveloppe quasi unique et parfaitement adaptée à sa dimension.

Éponge

Il faut faire un distinguo entre les éponges naturelles et les éponges synthétiques.
Vous pourrez prolonger la durée de l'une ou de l'autre de ces catégories quand vous aurez pris connaissance des deux trucs suivants :

Éponge naturelle

θ› Plongez-la régulièrement dans un bain constitué d'une solution d'eau tiède et de bicarbonate de soude (environ une bonne cuillerée à soupe par litre d'eau). Laissez tremper pendant une heure ou deux, puis rincez abondamment.

Éponge synthétique

θ› Même principe mais, cette fois, avec de l'eau vinaigrée ou de l'eau additionnée d'un jus de citron.

Fer à vapeur

Nous avons vu dans la rubrique « Entretien » tous les procédés de nettoyage assurant à votre fer à vapeur une longue vie. Mais sa durée dépend également et essentiellement de l'eau que vous utilisez.

♈

Si vous avez un adoucisseur d'eau, pas de problème. Si ce n'est pas le cas, n'utilisez surtout pas l'eau du robinet, car le calcaire est le pire ennemi des fers à vapeur.

♉

Choisissez donc l'une des possibilités suivantes :

θ› La plus simple, mais aussi la plus onéreuse : achetez de l'eau distillée.

θ› Faites bouillir de l'eau du robinet pendant à peu près une demi-heure. Laissez-la reposer dans la casserole jusqu'à refroidissement afin que le calcaire se dépose au fond. Filtrez, puis mettez-la de côté pour la réserver exclusivement à votre fer à vapeur.

θ› Récupérez l'eau de pluie et filtrez-la.

Enfin, dernière possibilité inattendue et néanmoins efficace : récupérez l'eau du réfrigérateur après dégivrage et filtrez-la. C'est facile, gratuit, et sans danger pour votre fer à vapeur.

Fermeture à glissière

Ah! ces fermetures à glissière... C'est à la fois la meilleure et la pire des choses. Quand elle est coincée, on s'énerve, on tire dessus, bref : on fait tout pour la casser; pourtant la solution est simple :

Fermeture coincée

Prenez un morceau de savon sec et frottez-en les deux côtés de cette fermeture récalcitrante. Elle redeviendra docile.

Curseur cassé

Si vous ne connaissiez pas le truc précédent et qu'ayant déployé toute votre énergie à tirer sur le curseur, il vous soit resté dans la main, remplacez-le par un trombone et le tour est joué!

Fermeture à glissière dans le dos

Vous avez beau être souple et vous contorsionner dans tous les sens, vous n'arrivez pas à saisir le curseur de la fermeture à glissière placée dans le dos de votre robe. La solution est simple :

– Avant d'enfiler votre robe, attachez un fil, une ficelle ou un ruban au curseur. Mettez votre robe; il ne vous restera plus qu'à tirer ce cordon et à le détacher, une fois le curseur arrivé au bout de sa course.

– Gardez précieusement le fil ou le ruban, de manière à le retrouver facilement la fois suivante.

Fêtes (préparatifs et lendemain)

Des trucs pour fêter Noël

Bien sûr, vous en trouverez partout : les magasins débordent de trouvailles qui vous permettront de décorer votre maison pour accueillir Noël.
Et si vous vous lanciez vous-même?
Je suis certaine que votre plaisir serait décuplé, lorsqu'à vos amis vous pourriez répondre : « C'est moi qui l'ai fait », ou mieux encore : « C'est une idée des enfants! ».
Pourquoi pas? Mettez-les à contribution, ils seront ravis et trouveront peut-être d'autres idées que celles qui suivent.
Le tout, c'est de commencer!

Pour décorer la table

Un Noël sans bougies, ce n'est pas un vrai Noël; alors au travail!
Prenez des oranges. Choisissez-les toutes de même grosseur et bien rondes; ce sera plus joli.
Évidez-les complètement après avoir découpé une sorte de calotte (un peu de la même manière que lorsque vous vous apprêtez à manger un œuf à la coque).
Il vous faut maintenant des bougies blanches (profitez-en pour utiliser les restes).

→ Faites-les fondre dans une vieille casserole. Ne jetez surtout pas les mèches, vous en aurez besoin.

→ Si vous n'avez pas de bougies, achetez de la cire à bougie en pain et des mèches.

➾ Coupez les mèches (une ou plusieurs par orange, selon votre goût), à la bonne longueur et maintenez-les bien droites au milieu de l'orange.
Il ne vous reste plus qu'à verser la cire et à attendre qu'elle prenne.
Noël, c'est les bougies, mais c'est aussi les oranges; vous aurez les deux!

Des verres multicolores

Les soirs de fête, vous avez envie de sortir votre service de verres en cristal, mais au fond de vous, quelque chose vous dit que ce n'est pas prudent. Alors, un truc qui réconciliera raison et désir :
Décorez des verres ordinaires; ils auront un aïr de fête, seront peints à votre goût et, s'il y a de la casse, vous serez contente d'avoir laissé votre service en cristal dans le placard.

➾ Après avoir choisi les verres, achetez de la peinture pour céramique de différentes couleurs. Armez-vous d'un pinceau fin et improvisez.
● S'il s'agit de verres ballons, vous pouvez ne décorer que le pied.
● Si vous ne vous sentez pas inspirée, choisissez des motifs géométriques (dessinez-les auparavant sur une feuille de papier).
● Si, au contraire, vous vous sentez une âme d'artiste, tout vous est permis.

Des trucs pour les lendemains de fête

En prévision

Vous vous préparez à saluer la nouvelle année et ce n'est peut-être pas le moment de jouer les « trouble-fête », mais vous savez comme moi que les réveillons n'ont pas toujours des lendemains qui chantent.

Aussi, si vous le voulez bien, vais-je me permettre de vous donner discrètement, mais avec fermeté tout de même, quelques conseils que vous ne regretterez pas d'avoir suivis.

Le premier d'entre eux demande un certain courage

θ→ Avalez une cuillerée à soupe d'huile d'olive avant de prendre l'apéritif.

θ→ Ne buvez surtout pas d'alcool à jeun; vous verriez trouble dès le début de la soirée; grignotez donc quelque chose avant d'aborder votre premier verre.

θ→ Si vous voulez « tenir » longtemps, préférez les alcools secs aux apéritifs sucrés car le sucre accélère l'assimilation de l'alcool. Pour mémoire : il semblerait que le whisky et la vodka soient les deux alcools qui rendent le moins malade.

θ→ Si vous vous résignez à boire de grands verres d'eau entre les verres de vin, vous vous en féliciterez en fin de soirée.

θ→ Méfiance également envers les boissons chaudes telles que grog ou punch. La chaleur, comme le sucre, accélère l'assimilation de l'alcool.

Le lendemain matin

Vous avez oublié tous les trucs précédents ou vous n'avez pas eu le courage d'en tenir compte et tous les symptômes sont là : langue pâteuse, tête lourde, bref, la vraie « gueule de bois ».

θ→ Prenez, bien sûr, des cachets contre la migraine.

θ→ Mais prenez aussi le courage d'aller jusqu'à votre réfrigérateur et d'en sortir des glaçons. Mettez-les dans un gant de toilette et appliquez-le sur votre crâne.

θ→ Ne croyez surtout pas que la bonne solution soit de vous mettre à la diète! Au contraire, il faut manger, mais pas trop et pas n'importe quoi!
S'il faut en croire les noctambules invétérés, le remède idéal en cette circonstance, ce sont les cornichons au vinaigre!

Feu éteint

Vous avez encore chez vous ou dans votre petite maison de campagne un poêle à charbon, mais vous oubliez de le recharger ou bien votre cheminée tire mal; bref, le feu s'étouffe et vous voyez déjà ce qui vous attend.
Il va falloir le vider et le rallumer complètement. Eh bien, sachez que tout n'est pas perdu s'il reste encore quelques braises.

θ→ Jetez tout simplement une ou deux poignées de gros sel sur ces braises encore vivaces et vous verrez votre feu reprendre de lui-même, au bout de quelques minutes.

Ficelle

Vous êtes toute seule pour fermer un colis et, malgré toute votre bonne volonté, vous n'arrivez jamais à tendre la ficelle suffisamment.

θ→ Cessez de tirer dessus de toutes vos forces et trempez-la un court instant dans de l'eau. Fermez votre paquet avec cette ficelle humide et faites le nœud final.
En séchant, la ficelle se resserrera et sera parfaitement tendue.

Fil à coudre

Sachez que ce n'est pas par hasard si le fil à coudre est enroulé dans un sens précis sur une bobine; c'est justement parce que le fil a un sens et, si vous n'en tenez pas compte, ne vous étonnez pas de faire des nœuds.

θ→ Il faut enfiler dans le chas de l'aiguille l'extrémité libre du fil et non celle que vous venez de couper.

Fleurs

Je n'ai encore jamais rencontré de femmes n'aimant pas les fleurs et chacune a son truc pour leur garder leur fraîcheur le plus longtemps possible.
Vous trouverez tous ces trucs (ou presque!) réunis ci-dessous. A vous de les mettre en pratique.

Si vous les cueillez vous-même

θ→ Si vous avez le choix, cueillez-les tôt, le matin de préférence : elles sont alors gorgées de sève ou tard le soir.

θ→ Si vous devez les transporter, prévoyez un sac en plastique percé de quelques trous : elles seront protégées tout en « respirant ».

Règles générales

θ→ Ne vous précipitez pas pour mettre vos fleurs dans un vase. Faites-les boire en les plongeant dans votre baignoire ou dans une bassine assez grande pour les contenir.
Cette règle est d'ailleurs valable aussi bien pour les fleurs achetées chez le fleuriste que pour celles cueillies par vous-même.

θ→ Profitez de ce qu'elles sont immergées pour couper les tiges sous l'eau. Ainsi, l'air n'obstruant pas les canaux, l'eau pourra monter plus facilement dans la tige.

- Vous utiliserez un couteau plutôt qu'une paire de ciseaux pour couper les tiges et vous les taillerez en biseau. Ou encore vous les fendrez sur une longueur de 3 à 4 centimètres.

- Si vous préférez la méthode forte, écrasez le bas de la tige avec une pince ou un marteau.

- Changez l'eau tous les jours et enlevez un centimètre de tige, tout en renouvelant l'une des opérations précédentes; et n'oubliez pas de rincer les tiges sous le robinet.

- Si vous pouvez récupérer de l'eau de pluie, vos fleurs ne s'en porteront que mieux car l'eau calcaire ne leur convient guère.

- Tout comme pour les plantes vertes, l'eau que vous mettez dans le vase doit être à la température de la pièce. Prenez donc la précaution de remplir un récipient d'eau une heure avant de changer celle du vase. Elle aura ainsi le temps d'être à la bonne température. Remplissez le vase aux deux tiers.

- Enlevez toujours les feuilles qui risqueraient de tremper dans l'eau du vase. Celle-ci serait très vite polluée.

Pour prolonger leur durée

- Mettez un demi-cachet d'aspirine dans l'eau du vase.

Spécial pâquerettes et mimosa

- Pour garder frais et pimpants, pendant plusieurs jours, les petites pâquerettes et le mimosa, remplacez l'eau froide par de l'eau chaude. Incroyable mais vrai!

Spécial roses

- Ne vous contentez pas de tailler leur tige en biseau, raclez également toute la partie de la tige qui se trouve dans l'eau.

Spécial œillets

⇸ La plupart des œillets sont soutenus par du fil de fer. Si les vôtres n'ont pas ce tuteur, entourez leur corolle de papier adhésif transparent et crantez-le avec des ciseaux pour épouser les formes.

Four

Les anciennes cuisinières ne sont pas équipées de four à thermostat. Il est donc beaucoup plus difficile de régler la chaleur du four en fonction du plat qu'il doit recevoir. Une petite astuce fort simple vous permettra de le faire :

⇸ Découpez un petit morceau de papier blanc et placez-le dans le four. Laissez-le dedans quelques instants après avoir fermé la porte. Retirez ensuite le papier. S'il a pris une coloration jaune très pâle, le four est très doux (entre 2 et 4); si le papier est jaune, il est moyen (entre 4 et 7); s'il est brun foncé, le four est très chaud (entre 7 et 10).

Froid (lutter contre)

Tous ceux qui font de la moto ou du vélomoteur en hiver savent qu'il est indispensable d'être équipé contre le froid. Deux solutions en cas de grand froid pour compléter votre équipement habituel :

⇸ Glissez du papier journal entre votre combinaison ou votre blouson et votre pull-over.
N'hésitez pas à vous envelopper entièrement de ce papier journal. C'est un excellent « coupe-froid ».

⇸ Enfilez une housse en plastique (celle qui vous est remise par le pressing, lorsque vous avez fait nettoyer un vêtement, conviendra très bien).

Habillez-vous normalement par-dessus cette housse. Le plastique, tout comme le papier journal, vous protégera efficacement du froid.

Fumée

Si, la prochaine fois que vous recevez des amis chez vous, vous voulez éviter d'être envahie par la fumée, choisissez l'une de ces deux solutions :

θ→ Allumer une ou plusieurs bougies et placez-les sur le haut d'un meuble.

θ→ Mettre dans une soucoupe une éponge imprégnée d'eau.

Gants (d'enfants)

Les jeunes enfants qui vont à l'école maternelle découvrent tellement de choses nouvelles qu'on ne peut vraiment pas leur en vouloir d'oublier leurs gants ou d'en perdre un. D'autant que cela arrive fréquemment à leurs parents aussi!
Voici deux astuces pour que vos petits n'aient plus à se préoccuper de leurs gants ou de leurs moufles :

θ→ Mesurez la longueur des manches de leur manteau et ajoutez 10 centimètres. Coupez deux morceaux de ruban à cette dimension.
Glissez l'une des extrémités d'un des morceaux de ruban dans la manche et cousez-la au niveau de l'emmanchure (sous le bras).
Cousez ensuite l'une des moufles à l'autre extrémité du ruban.
Faites de même pour l'autre manche (attention, si ce sont des gants, ne vous trompez pas de côté!).

Ce ruban, étant enfilé dans la manche, sera invisible, surtout si vous le choisissez de la couleur du manteau, et le gant se balancera, prêt à être enfilé.

⊕ Vous pouvez, si vous préférez, remplacer le ruban par de l'élastique plat. La longueur de cet élastique devant correspondre à celle des deux manches, augmentée de la largeur du dos du manteau.
Cousez chaque gant à chaque extrémité de l'élastique, puis glissez celui-ci dans une manche et ensuite dans l'autre. Le résultat est le même qu'avec le ruban, mais ce système de l'élastique (étant indépendant du manteau) a l'avantage d'être amovible et de pouvoir, par conséquent, être adapté à d'autres vêtements.

Gomme

Restons en compagnie des enfants. Si la gomme que vous leur avez achetée il y a quelques jours est déjà sale :

⊕ Faites-la tremper dans votre eau de lessive. Elle sera comme neuve.

Hoquet

« Contraction spasmodique du diaphragme produisant un appel d'air assez fort pour faire vibrer les cordes vocales » – telle est la définition du hoquet que donne le dictionnaire.
Savoir l'origine du hoquet ne nous donne pas, hélas, la solution pour l'arrêter quand il a commencé! Hormis la fameuse peur qu'on essaie de faire à celui qui en est la victime...
Il existe plusieurs remèdes de bonne femme pour tenter de l'interrompre :

- Croquer trois ou quatre grains de poivre.
- Avaler une cuillerée à café de sucre cristallisé.
- Ou laisser fondre lentement un morceau de sucre dans la bouche.
- Si vous avez du courage, ou si vraiment votre hoquet dure trop longtemps, sucez un morceau de sucre préalablement trempé dans du vinaigre. C'est très désagréable mais extrêmement efficace.

Dernier truc :

- Concentrez votre attention sur une activité la sollicitant impérativement. Vous pouvez, par exemple, essayer de tenir une assiette en équilibre sur un doigt, ou choisir un autre exercice tout aussi périlleux.

Insomnies

Bien dormir est indispensable au bon équilibre. Si vous souffrez d'insomnies sérieuses, il est évident que, seul, un médecin peut vous aider.
Mais si, comme je l'espère pour vous, vous n'êtes pas dans ce cas, voici quelques trucs — bons à connaître — pour trouver naturellement le sommeil.

Conseils d'ordre général

La condition la plus difficile à réaliser et pour laquelle personne ne peut vous aider (si ce n'est en vous indiquant des méthodes de relaxation) : essayez d'oublier vos soucis, calmez-vous, décontractez-vous. Faites quelque chose qui vous détende : lisez, tricotez, etc.

- Ne faites pas, le soir, de repas trop important et évitez de manger tout ce qui risque de gonfler l'estomac et de provoquer de l'aérophagie.

- Si vous fumez beaucoup, réduisez le nombre de cigarettes le soir.

Petits trucs

- Buvez un verre d'eau sucrée ou une infusion avant de vous coucher.
- Croquez une pomme.
- Mangez de la laitue.

Reconnaissez que ni l'un ni l'autre de ces conseils ne sont désagréables à suivre, alors essayez-les.

Votre lit

La qualité de votre lit est également prépondérante pour votre sommeil.

- Le matelas ne doit être ni trop dur ni trop mou et, surtout, être parfaitement uniforme; donc ne présenter ni creux ni bosse. Enfin, vérifiez sa souplesse; une bonne élasticité est indispensable pour vous assurer un bon sommeil.

Lacets

Les jeunes et même les moins jeunes portent de plus en plus des tennis ou des baskets, même après avoir franchi les limites d'un stade.
Ces chaussures de sport comportent des lacets et, comme la patience n'est pas une des vertus premières de la jeunesse, les embouts des lacets ne résistent pas longtemps et les nœuds ne se font pas attendre.
Deux idées pour pallier ces inconvénients :

Embouts de lacet

- Lorsqu'ils sont arrachés, il est très difficile de passer

les lacets dans les œillets. Vous n'aurez plus ce problème si vous trempez le bout du lacet dans du vernis incolore.

Plus de nœuds

⊕ Plus de lacets non plus, puisque la solution radicale pour ne plus faire de nœuds consiste à les remplacer par de l'élastique. Ainsi, plus de lacets à nouer et à dénouer et, par voie de conséquence, plus d'embouts à remplacer.

Lavage

Le lavage est certainement l'une des besognes les plus astreignantes pour la maîtresse de maison.
Certes, il y a loin du lavoir à la machine à laver, mais la lessive n'en demeure pas moins un gros travail, comportant un certain nombre de règles à respecter ou de trucs utiles à connaître.

Linge neuf

C'est la saison du blanc et vous avez acheté du linge pour la maison.

⊕ Avant de vous en servir, faites-le tremper une journée dans de l'eau claire, additionnée de deux poignées de gros sel.
Vous constaterez qu'en prenant cette précaution, la vie de votre linge sera prolongée et ses fibres ne se briseront pas.

Lavable ou non?

On vous a offert un joli chemisier, mais vous ne savez pas si vous pouvez le laver ou non.
Une solution pour sortir de votre hésitation :

⊕ Prenez un petit échantillon du tissu qui compose le vêtement (coupez-le dans une couture par exemple). Posez-le sur une feuille de papier et dessinez-en le contour. Lavez-le et, après l'avoir repassé, replacez-le sur le dessin. Vous verrez tout de suite s'il a ou non rétréci.

Lavage en machine

Mousse qui déborde

Il arrive parfois que trop de mousse se forme au cours d'un lavage en machine et, dans les cas extrêmes, cette mousse peut même aller jusqu'à déborder.

⊕ Cela ne se produira plus si vous versez, par l'orifice destiné à recevoir la lessive, un verre de vinaigre.

Pensez au filtre

Regardez bien la notice d'emploi de votre machine à laver. Vous y verrez certainement indiqué, derrière l'appareil, un bouchon qui protège le filtre d'évacuation des eaux. Ce filtre recueille les morceaux de laine ou de fil des vêtements lavés. Au bout de quelque temps, il risque donc de se trouver bouché.

⊕ Débouchez-le donc de temps en temps, en prenant bien sûr la précaution de placer un récipient en dessous. Après l'avoir nettoyé, remettez le bouchon.

Essorage des articles délicats

Vous préférez laver à la main certains articles, tels que la lingerie ou certaines chemises d'homme, car vous craignez qu'un lavage en machine ne les abîme et les use prématurément.
Le linge lavé à la main ne peut être essoré parfaitement et,

dès qu'on l'étend, il s'égoutte en faisant de véritables mares d'eau qu'il faut éponger.
La solution? Essorer sans risque d'usure, à la machine, le linge lavé à la main.

θ› Pour ce faire, mettez votre lingerie lavée à la main dans une taie d'oreiller usagée. Placez-la ainsi remplie dans votre machine et appuyez sur le bouton « essorage ». Votre lingerie ainsi protégée sera parfaitement essorée et nullement abîmée.

Linge

Parfumez-le

Vous avez la nostalgie du linge de nos grand-mères qui sentait bon la lavande? Qu'à cela ne tienne :

θ› Achetez un peu d'extrait de lavande et ajoutez-le à un litre d'eau. Mettez le tout dans un pulvérisateur et, avant le repassage, vaporisez votre linge. Il aura, ainsi, une discrète odeur de lavande, qui imprégnera également vos placards.

Linge roussi

C'est un accident qui peut arriver et, le temps de réagir, le mal est fait.

θ› Si, en le repassant, vous avez jauni un tissu blanc, frottez-le immédiatement et légèrement avec un linge propre imbibé d'eau oxygénée.

Lunettes

θ› Si vous portez des lunettes dont les branches vous blessent derrière l'oreille, collez à l'extrémité de chacune

d'elles un soupçon de ruban adhésif (le même dont vous vous servez pour calfeutrer portes et fenêtres).
Cela ne vous gênera pas et, de plus, empêchera vos lunettes de glisser sur le nez.

Médicaments

Votre fils ou votre fille est enrhumé et vous devez lui faire avaler chaque jour plusieurs cuillerées d'un sirop dont le goût est particulièrement désagréable.

⊕ Faites-lui sucer un glaçon avant de lui présenter la cuillerée de sirop.
Il n'en sentira plus la saveur qui lui déplaisait tant.

Meubles

Vous avez décidé de changer votre mobilier de place et toute la maison est mobilisée pour le déplacer.
Le gros morceau, c'est l'armoire normande de grand-mère. Tout le monde est sur le pied de guerre, chacun s'arc-boute, mais elle ne bouge pas d'un pouce!

⊕ Allez donc chercher les patins qui sont près de la porte d'entrée. Saupoudrez-les de talc sur une face et glissez-en un sous chaque pied d'armoire (côté talqué sur le parquet).
L'armoire glissera sans difficulté au grand étonnement de tous.

Mouchoir

Si votre enfant va à l'école maternelle, il est probable que vous ne le laisserez jamais partir le matin sans son petit mouchoir. Mais rien n'est plus facile à perdre qu'un mouchoir, surtout lorsqu'on a trois ou quatre ans!

Une petite astuce pour que cela ne se produise plus :

Attachez-le à un ruban cousu à son tablier.

Mousse de lessive

Vous êtes souvent bien embarrassée par la mousse trop abondante qui reste dans un lavabo, une bassine ou une baignoire, à la suite de l'emploi de poudre à laver ou de détergent. Vous avez beau essayer de la faire évacuer en faisant couler de l'eau, elle ne se dissipe que très lentement.
Voici une astuce découverte par hasard et que vous n'oublierez plus :

Lavez-vous les mains avec une savonnette au-dessus de cette mousse. L'eau savonneuse qui s'écoulera de vos mains aura pour effet de dissiper la mousse instantanément.

Noix

Si vous avez à la fois des noix sèches et un jardin, essayez le truc suivant :

Enveloppez les noix dans un linge et mettez le tout dans un trou (d'environ 50 centimètres de profondeur), creusé dans votre jardin. Laissez-les ainsi pendant 24 heures.
Vous constaterez qu'ensuite elles auront retrouvé leur fraîcheur et s'éplucheront plus facilement.

Odeurs

Pour être vraiment agréable, une maison aussi belle et confortable soit-elle, doit également sentir bon.

Pour atteindre ce but, vous devez œuvrer sur deux plans. Créer des odeurs agréables et lutter contre les mauvaises.

Pour que tout sente bon

La maison

⊕ Quand vous faites du feu dans votre cheminée, jetez dans la flamme des épluchures de citron ou d'orange.

⊕ En hiver, mettez une goutte de votre eau de toilette ou de votre parfum dans l'un des saturateurs de vos radiateurs.

⊕ Passez un tampon d'ouate imbibé de parfum ou d'eau de toilette sur les ampoules électriques (quand elles sont froides, évidemment). Lorsque vous allumerez, il s'en dégagera une légère odeur qui parfumera toute votre maison.

Le linge

⊕ Quelques gouttes d'eau de Cologne dans le réservoir de votre fer à vapeur donneront à votre linge un délicat parfum.

⊕ Vous pourrez également donner un léger parfum à vos sous-vêtements, si vous versez quelques gouttes d'eau de toilette dans leur dernière eau de rinçage.

⊕ Si vous êtes courageuse et raffinée, recouvrez vos cintres de feutrine et parfumez-les de temps en temps. Les vêtements qu'ils supporteront le seront également.

Une idée de récupération

⊕ Ne jetez pas vos flacons de parfum ou d'eau de toilette lorsqu'ils sont vides. Mettez-les, ouverts, dans vos placards ou dans vos tiroirs au milieu des mouchoirs ou de la lingerie.

Faites des « pots-pourris »

Lorsque nos grand-mères ouvraient leur armoire pour y prendre du linge, un parfum frais et léger s'en échappait. Nous en avons toutes gardé la nostalgie, mais il ne tient qu'à nous de perpétuer la tradition. Comment? En fabriquant des pots-pourris, pas avec des chansons, mais avec des herbes et des fleurs odorantes.

♈

Les pots-pourris les plus faciles à réaliser se présentent comme de petits coussins en forme de cœur, de trèfle, etc. A cette différence près que vous ne les bourrez ni de laine, ni de mousse.
Toute la réussite d'un pot-pourri tient donc, vous l'avez compris, à la composition de son contenu.

♉

Voici deux suggestions – mais vous pouvez en inventer d'autres – selon les fleurs ou les herbes dont vous disposez :

θ→ Mélangez, en quantités égales, des fleurs d'immortelle et de tilleul, puis des feuilles de verveine et des pétales de souci.
Si vous ajoutez quelques boutons de rose, le parfum du pot-pourri sera encore plus raffiné.

θ→ Mélangez un peu de millepertuis, de lavande, du thym, des pétales de rose et quelques feuilles de laurier.

REMARQUE : Avant de bourrer les pots-pourris avec des fleurs ou des herbes, il faut, c'est évident, que celles-ci soient parfaitement sèches.

θ→ Faites-les donc sécher en composant de petits bouquets que vous suspendrez par la queue.

Contre les mauvaises odeurs

Dans un meuble

Si vous avez, enfin, découvert le petit meuble ancien dont vous rêviez, mais si vous en avez refermé les portes aussi vite que vous les aviez ouvertes parce qu'une odeur de renfermé vous a sauté au visage, essayez le truc suivant :

→ Placez un verre de lait bouillant à l'intérieur et fermez les portes. Une fois le lait refroidi, ouvrez-les sans crainte : l'odeur aura disparu.

Évier

→ Si de mauvaises odeurs s'échappent parfois de votre évier, recouvrez la grille d'évacuation d'un demi-citron, même pressé. Renouvelez l'opération deux fois par semaine; vous ne devriez plus être gênée.

Bocaux

Vous désirez certainement garder les bocaux qui ont contenu olives, cornichons ou autres ingrédients, mais vous hésitez peut-être car l'odeur est tenace, même après avoir bien lavé ces bocaux.

→ Entreposez-les donc, une fois lavés, une heure dans le réfrigérateur. Vous pourrez ainsi les récupérer pour d'autres usages.

Boîtes de métal

Les boîtes de métal ayant contenu du café peuvent être très utiles, à condition de pouvoir les désodoriser.

→ Versez quelques gouttes d'alcool dans la boîte et mettez-y le feu. Fermez le couvercle. L'odeur aura disparu.

Odeurs de cuisine

Vous avez beau dire et répéter à vos enfants de fermer la porte de la cuisine, rien à faire! Résultat : une odeur de cuisine fort désagréable flotte dans tout l'appartement.

θ→ Vaporisez simplement de l'ammoniaque dans les pièces : toute odeur disparaît.

REMARQUE : Nous avons cherché jusqu'ici à chasser les mauvaises odeurs, mais il est aussi très important de garder les bonnes. Par exemple celle du thé.

θ→ N'employez jamais de détergent pour laver votre théière. Rincez-la seulement et frottez avec du gros sel pour détacher le tanin. Ainsi votre thé n'en sera que meilleur au fur et à mesure que votre théière prendra de l'âge.

Ongles

Protection

Vous vous efforcez d'avoir des ongles beaux et longs, mais certains travaux les mettent à rude épreuve.
Avant d'entreprendre un travail particulièrement salissant, prenez la précaution suivante :

θ→ Grattez un morceau de savon avec vos ongles. Cela n'est peut-être pas très agréable, mais en se logeant sous vos ongles, le savon les protégera des salissures et leur évitera de prendre cette couleur noire si déplaisante.

θ→ Si vous n'avez pas pris cette précaution et que vos ongles restent noirs même après avoir été brossés, trempez un coton-tige dans un peu d'eau oxygénée et passez-le sous vos ongles. Ils redeviendront propres.

Ongles incarnés

– Enveloppez l'orteil dont l'ongle est incarné dans un doigtier de caoutchouc (vous aurez, au préalable, versé un peu d'huile dans celui-ci).
– Changez-le tous les quatre ou cinq jours. Au bout d'un certain temps, l'ongle se soulèvera de lui-même et sortira de la peau que ce bain d'huile aura ramollie.
– Vous n'aurez plus qu'à couper l'ongle et à abandonner le doigtier.

Ourlet

La mode change souvent. Une année les jupes se portent au-dessous du genou, l'année suivante à mi-mollet.
Il nous faut donc raccourcir ou rallonger nos jupes si nous ne voulons pas nous sentir complètement démodées, voire ridicules.

Si une amie peut régler sur vous l'arrondi de votre jupe, pas de problème, mais si vous êtes seule, c'est une autre affaire! A moins de tourner la difficulté grâce à cette astuce :

– Après avoir décidé de la hauteur de votre jupe, tendez, à cette hauteur, une ficelle entre deux chaises.
– Frottez cette ficelle avec une craie. Si vous n'avez pas de craie de tailleur, prenez de la craie d'écolier.
– Mettez votre jupe, tenez-vous bien droite et tournez sur vous-même en veillant à ce que la jupe soit toujours en contact avec la ficelle.
– Retirez votre jupe et regardez. La hauteur de l'ourlet sera parfaitement définie par un trait de craie.

Papiers

Papiers domestiques et professionnels

Comme tout un chacun, vous prenez certainement régulièrement la résolution de ne plus laisser s'entasser les papiers de toutes sortes : factures, bulletins de salaire, relevés de Sécurité sociale, etc. Et vous vous posez toujours la même question : « Je le garde, ou je le jette? » Pourtant, on ne peut pas tout garder! Donc, quelques conseils pour vous faciliter la tâche.

♈

Il est recommandé de garder au moins pendant deux ans les quittances de primes d'assurance, de gaz, d'eau et de téléphone.

♉

Réservez-vous une marge de cinq ans pour les relevés de Sécurité sociale, d'allocations familiales et les quittances de loyer.

♊

Attendez au moins six ans avant de jeter dans la corbeille à papier le double de vos déclarations de revenus et tout ce qui concerne, en général, les impôts et le percepteur.

♋

Enfin, il y a une catégorie de papiers que vous devez vous résigner à garder toute votre vie : les polices d'assurance, les engagements de location, votre contrat de mariage, votre livret de famille, le livret militaire et les diplômes en font partie.

♌

Quant à vos bulletins de salaire, ils vous seront utiles jusqu'à la liquidation de votre retraite.

Papier d'aluminium

Parmi les accessoires indispensables dans la cuisine, il en est un, moderne, simple, efficace et indispensable : c'est la feuille d'aluminium. Ayez-en toujours à disposition et vous ne compterez plus les multiples services qu'elle vous rendra.

➾ Vos fromages ne se dessécheront plus et se conserveront frais pendant plusieurs jours si vous les enveloppez dans du papier d'aluminium.

➾ Lorsque vous faites des meringues, des sablés, tapissez la plaque de votre four avec une feuille d'aluminium légèrement huilée et posez la pâte dessus. Vous ne salirez plus la plaque de votre four.

➾ Votre argenterie, enveloppée dans du papier d'aluminium, ne noircira plus, ce qui vous évitera un nettoyage fastidieux.
Dernier conseil parmi beaucoup d'autres, car la liste serait longue :

➾ Un saucisson entamé ne se desséchera plus si vous l'enveloppez dans une feuille d'aluminium.

Papier carbone

➾ Si vous voulez prolonger l'utilisation de votre papier carbone, placez la feuille usagée pendant quelques minutes sur le radiateur du chauffage central ou toute autre source de chaleur douce.

Papier à lettres

Parmi votre courrier, il y a certaines lettres que vous n'avez pas besoin de lire pour en connaître l'expéditeur. En effet, quelques-uns de vos amis ont su donner à leur papier à lettres un cachet bien personnel, que vous reconnaissez au premier coup d'œil. Pourquoi n'en feriez-vous pas autant? Avec un peu d'imagination et quelques astuces, rien n'est plus simple.

⊕ Déposez au centre ou en haut de la feuille de papier un peu d'encre ou de peinture assez fluide (de la couleur de votre choix). Pliez le papier bien en son milieu, dans le sens de la hauteur. En le dépliant, vous découvrirez une forme insolite et amusante.

Une autre idée :

⊕ Découpez dans une revue une photo qui vous plaît (paysage, visage, silhouette). Appliquez cette image découpée sur votre papier à lettres. Frottez alors le dos de la feuille avec un coton imbibé de trichloréthylène. La photo sera reproduite avec un léger flou, du meilleur effet.

REMARQUE : Ne vous en tenez pas à ces deux suggestions et laissez-vous aller à votre imagination; ce n'est qu'à ce prix que vos amis reconnaîtront, à leur tour, votre papier à lettres sitôt l'enveloppe ouverte.

Parapluie

Si votre parapluie a perdu son imperméabilité et laisse passer la pluie, n'allez pas pour autant en acheter un autre.

⊕ Procurez-vous de l'alun (en vente dans les drogueries) et appliquez-en, à l'aide d'un pinceau, sur tous les endroits par lesquels l'eau s'infiltre. Vous ne recevrez plus de gouttes sur la tête.

Pare-brise

Il fait froid, vous êtes pressée et le pare-brise de votre voiture disparaît sous une couche de givre.

Ayez recours à l'un des trucs suivants et vous pourrez prendre le volant dans un minimum de temps :

θ→ Retournez vite chez vous et mettez un peu de gros sel dans un bas nylon usagé. Frottez votre pare-brise avec le tampon ainsi obtenu.

θ→ Si vous prenez toujours la sage précaution d'avoir à la fois des chiffons et de l'antigel dans le coffre de votre voiture, rien n'est perdu! Vous avez toutes les chances d'être à l'heure à votre rendez-vous puisqu'il vous suffira de frotter votre pare-brise avec un chiffon imbibé d'antigel.

θ→ Enfin, le procédé le plus classique : il consiste à gratter le givre avec une petite plaque de plexiglas (laissez-la toujours à disposition dans la boîte à gants).

Peinture

Vous avez repeint entièrement les murs et le plafond de votre chambre à coucher. Il vous reste un peu de peinture, que vous tenez à conserver intacte pour d'éventuels raccords.

θ→ Fermez bien le pot et retournez la boîte. Vous éviterez ainsi la formation d'une peau qui ne manquerait pas de recouvrir le reste de peinture si vous laissiez le pot à l'endroit.

Photos

Nous aimons tous rapporter des photos de nos vacances, mais encore faut-il qu'elles soient réussies!
Quelques conseils de bon sens pour mettre toutes les chances de votre côté :
Vive le naturel! Aux photos posées, préférez les photos

prises sur le vif ou, si cela n'est pas possible, demandez à celui ou celle que vous photographiez de vous oublier.

♈

Si vous photographiez un enfant, ne le faites pas du haut de votre grandeur. Veillez à placer l'appareil au niveau de sa petite taille. En effet, si vous placez l'appareil photo plus haut que le personnage à photographier, vous l'écrasez; et cela est valable dans tous les cas.

♉

Sachez également que les gros plans sont toujours les plus expressifs, mais n'exagérez pas! Ne prenez pas de photos à moins d'un mètre cinquante du personnage.

♊

L'éclairage joue également un grand rôle. Préférez le latéral. Faites donc vos photos de préférence en milieu de matinée ou dans l'après-midi. Évitez le soleil de midi qui tue les couleurs et durcit les traits.

♋

Vous avez envie de photographier votre mari près de la tour de Pise? Choisissez entre le monument et lui, mais pas les deux; sinon, il faudra vous munir d'une loupe pour distinguer la silhouette de votre mari.
Il vous reste plusieurs solutions :

- Vous photographiez votre mari auprès d'un détail du monument.
- Vous achetez une carte postale représentant la tour de Pise.
- Vous photographiez votre mari seul.

♌

Si vous prenez des photos au flash, placez votre appareil

de manière que l'éclair se déclenche au-dessus du niveau des yeux.
En ne prenant pas cette précaution, vous prenez le risque de vous retrouver avec une photo dont le personnage aurait l'iris des yeux rouge.

Pinceaux

Si vous avez oublié de nettoyer vos pinceaux la dernière fois que vous vous en êtes servie, il y a toutes les chances pour que vous les retrouviez durs comme du bois, les poils étant collés entre eux par la peinture séchée.

➜ Ils redeviendront souples si vous les trempez dans du vinaigre bouillant.

Plafonnier

Votre salle de séjour est éclairée par un plafonnier central, mais celui-ci diffuse une lumière insuffisante.

➜ Tapissez-en l'intérieur avec du papier aluminium; il éclairera deux fois plus.

Plantes d'appartement

Est-ce parce que nous ressentons toutes un besoin profond de retour à la nature que les plantes vertes envahissent de plus en plus nos appartements? Nous ne pouvons, de toute manière, que nous en réjouir, car leur présence dans une maison crée une atmosphère à laquelle chacun est sensible.
Certaines d'entre nous ont naturellement « les doigts verts », comme disent nos amies d'outre-Manche. Pour

elles, pas de problèmes puisque, par on ne sait quelle source d'inspiration, elles sentent d'instinct ce dont leurs plantes ont besoin pour s'épanouir ou durer longtemps.

♈

Si vous ne faites pas partie de ces élues, retenez les conseils suivants et vos plantes n'auront rien à envier à celles de vos amies.

- Ne placez jamais vos plantes au-dessus d'un appareil de chauffage ou dans un courant d'air. Cela leur serait fatal.

- Elles ont besoin de boire et de manger, surtout en période de forte végétation, c'est-à-dire au printemps et en été (voir « Arrosage » et « Engrais »).

- Sachez qu'on n'a encore rien trouvé de mieux pour l'épanouissement des plantes que la lumière naturelle. Choisissez-les donc en fonction de votre appartement, et non pas l'inverse!

A titre indicatif

Si vous avez un petit appartement, renoncez aux plantes de grande taille, elles ont besoin d'air et de lumière. Choisissez plutôt les petites cactées.

♈

Les aracées (tel le philodendron) ont l'avantage de s'adapter aux appartements peu éclairés.

♉

Si vous avez la chance d'avoir de grandes pièces et beaucoup de lumière, tout vous est permis!

♊

La fumée du tabac nuit aux plantes. Avant l'arrivée de

vos amis, retirez-les donc de la pièce où vous les recevrez.

La formation d'une croûte à la surface de la terre nuit à l'aération des racines. Prenez une vieille fourchette et bêchez, tout comme vous le feriez dans un jardin.

Les mauvais signes

Vos plantes dépérissent et vous ne comprenez pas pourquoi. Apprenez à connaître les causes et les remèdes.

Chute des feuilles

Généralement due à un changement d'environnement (baisse ou hausse de température ou d'intensité lumineuse).

Jaunissement des feuilles

Un coup de froid, des courants d'air ou un arrosage excessif. Seul remède : du fortifiant (voir « Engrais »).

Points blancs

Si vos plantes sont couvertes de petits points blancs, éliminez ces parasites en les frottant avec une brosse douce, imprégnée de savon non dilué.

Moucherons

Vous les voyez voleter autour de vos plantes. N'essayez pas de les attraper au vol, vous n'y arriveriez pas. Mettez plutôt en pratique le truc suivant, cocasse, inattendu mais efficace :

- Enfoncez, tout autour de la plante, quelques allumettes en prenant bien soin de mettre le bout soufré dans la terre.

Les cochenilles

Cette variété de pucerons attaque les feuilles. Vous les repérerez donc facilement. Utilisez alors la manière forte.

- Faites-les tomber avec une brosse à dents à poils durs et brûlez-les!

Les vers

Votre plante périclite mais, après l'avoir bien observée, vous ne reconnaissez aucun des signes cités ci-dessus. De petits vers qui rongent les racines en sont certainement la cause.
Deux solutions :

- Mettez de la cendre de cigarette sur toute la surface de la terre.

- Ou bien tendez un piège à ces petits vers particulièrement sournois. Mettez un quartier de pomme sur la terre. Ils en sont tellement gourmands qu'ils ne résisteront pas à l'envie de venir voir ce morceau de pomme d'un peu plus près. Profitez-en pour les « capturer »!

Pots de fleurs

Les fenêtres de votre maison ou de votre appartement sont aisément reconnaissables car ce sont les plus fleuries de toute la rue. Vous en êtes fière et vous avez raison car tout le monde en profite, même les passants.
Seulement, lorsqu'il pleut, vous savez que vous serez obligée de nettoyer vos vitres car la terre des pots de fleurs les éclabousse.

Une astuce toute simple qui vous évitera ce travail fastidieux :

⊕ Mettez du tout petit gravier (très fin) sur toute la surface de la terre. Il laissera passer l'eau de pluie et évitera les éclaboussures de terre.

Reprises

Nos grand-mères passaient de longues soirées à repriser au coin du feu. Les temps ont changé – nous aussi – et nous reprisons de moins en moins.
Il y a cependant des circonstances où nous sommes obligées de le faire : un accroc sur un pantalon, une brûlure de cigarette sur une chemise, etc.
Un truc pour faire une reprise quasi invisible :

⊕ Effilochez une couture intérieure ou un ourlet du vêtement à repriser. Choisissez les fils les plus longs et servez-vous-en pour faire votre reprise. C'est le procédé qui est utilisé par les stoppeuses, pourquoi pas par vous?

Rideaux

Laver les rideaux, ce n'est rien, mais les remettre en place lorsqu'ils sont propres, c'est plus compliqué puisqu'il faut veiller à ce que les crochets retrouvent leur place initiale.
Une idée toute simple pour vous faciliter la tâche :

⊕ Avant de retirer les crochets, marquez l'emplacement de chacun d'eux sur la rufflette, avec un stylo à bille. Cette marque résistera au lavage et vous permettra de les replacer rapidement sans avoir à effectuer de fastidieux calculs.

Robinet

Nous nous sommes toutes (ou presque), battues pendant notre enfance avec des problèmes de robinets qui fuient, et le bruit qui vous parvient de la salle de bains vous les rappelle d'une manière exaspérante!
Si le plombier auquel vous avait fait appel justifie sa réputation en se faisant attendre, prenez pitié de vos nerfs en ayant recours à un palliatif, provisoire, mais efficace.

θ→ Coupez un morceau de ficelle d'une longueur suffisante pour aller du robinet jusqu'au fond de la baignoire ou de l'évier.

θ→ Attachez tout simplement au robinet l'une des extrémités de cette ficelle. Les gouttes d'eau glisseront le long de celle-ci et vous ne les entendrez plus.

Serpillière

Chaque fois que vous lavez le carrelage de votre cuisine ou de votre salle de bains, vous maudissez la serpillière qui ne cesse de glisser du balai-brosse autour duquel vous l'avez enroulée.

θ→ Munissez-vous de deux petits clous à tête fine et plantez-les sur le dessus du balai. Un à droite du manche, l'autre à gauche. Leur présence discrète suffira à maintenir votre serpillière en bonne place.

Serviette de table

Combien de fois, au cours d'un repas, répétez-vous à vos enfants de mettre leur serviette? Ils font preuve de bonne volonté dans la plupart des cas et vous obéissent, mais, à peine l'ont-ils fait, que tout est à recommencer car la serviette glisse, même s'ils l'attachent autour de leur cou.

θ› Faites appel à l'épingle à linge. Elle maintiendra la serviette de table en bonne place.

Table bancale

Faut-il accuser le sol qui n'est pas uniformément plan ou les pieds de la table? Vous vérifierez plus tard! Dans l'immédiat, aucun des convives ne peut faire un mouvement sans que la table se balance d'un pied sur l'autre. Ne bougez pas, restez assise, la solution est à portée de main :

θ› Prenez un morceau de mie de pain, faites-en une boule et glissez-la sous le pied qui ne touche pas le sol. Vous pourrez terminer votre repas tranquillement.

Tableaux décoratifs

Vous avez envie de changement et avez décidé de déplacer vos tableaux. A peine les avez-vous décrochés que vous y renoncez tant il s'est accumulé de poussière derrière eux.

θ› Désormais, avant de suspendre un tableau, fixez deux grosses punaises derrière le cadre, sans les enfoncer. Elles maintiendront, entre le mur et lui, un espace suffisant pour permettre à l'air de circuler et personne ne le remarquera.

Timbre

Vous devez envoyer une lettre d'urgence et vous n'avez plus qu'un timbre qui refuse de coller.

⟴ Mettez une goutte de vernis à ongles. C'est une colle improvisée très efficace.

Tissus

Il peut être très utile de savoir reconnaître la composition du tissu. Si vous avez une hésitation, faites-en brûler quelques fils et référez-vous aux indications suivantes :
– La laine brûle lentement et grésille.
– La soie brûle doucement et dégage une odeur de corne brûlée.
– Le coton brûle d'une seule flambée et laisse un mince filet de cendre.
– La rayonne et la fibranne dégagent une odeur de papier brûlé.
– L'acétate brûle en fondant et forme une boule noire.
– Le nylon brûle vite en formant une boule dure et en dégageant une odeur de céleri.
– Le rhovyl se rétracte et le rilsan dégage une odeur de suif.

Torchons

Plutôt que de coudre des rubans de coton au coin de vos torchons, prenez de l'élastique plat. Cette attache ne se déchirera plus lorsque vous serez pressée et que vous ne prendrez pas le temps de les décrocher tranquillement.

Tricot

Pour vous, le tricot est un passe-temps, une détente, une nécessité ou les trois à la fois. Vous aimez tricoter des pull-overs pour votre famille, vos amis, et vous avez raison car rien ne vaut le tricot « fait main ».

Connaissez-vous les trucs suivants?

Si vous voulez que les côtes (des poignets et du bas du pull-over) ne se déforment pas et gardent néanmoins leur élasticité, suivez ce conseil :

☞ Quand vous avez monté les mailles, tricotez le deuxième tour à l'endroit avant de commencer le point de côtes.

Une astuce pour redonner leur tenue au bas des manches des gilets ou des vestes en laine :

☞ Glissez, dans l'ourlet du bas de la manche, une bande de tissu droit fil, légèrement bâtie à larges points sur la laine, et fermez l'ourlet.

REMARQUE : Cela est également valable pour l'ourlet d'une jupe.

Laine détricotée

Les enfants grandissent, mais pas leur pull-over, et ceux que vous leur aviez tricotés l'an dernier sont devenus trop petits. La solution évidente est de les détricoter pour refaire, avec la laine ainsi récupérée, des pull-overs plus grands. Le problème réside dans le fait qu'entre ces deux opérations, vous êtes obligée de défriser la laine et cela représente un travail long et difficile.
Quelques suggestions pour y parvenir sans peine :

☞ Commencez à détricoter le pull-over en laissant pendre un morceau de laine d'un mètre environ.
– Posez ce brin de laine sur une pattemouille (bien imbibée d'eau) et repassez-le avec un fer bien chaud.
– Continuez ainsi de suite en prenant soin de faire des pelotes au fur et à mesure.
Ainsi, vous détricoterez, défriserez et mettrez en pelote en même temps.

☞ Prenez un plateau, une bouteille ou tout objet simi-

laire, permettant d'enrouler la laine autour de lui, en serrant bien.
– Plongez le tout dans de l'eau à peine tiède et laissez ainsi pendant une demi-heure.
– Maintenez la laine ainsi enroulée jusqu'à ce qu'elle soit parfaitement sèche et faites-en des pelotes. Elle ne frisera plus.

Laine retricotée

Une idée pour que le pull-over que vous tricotez avec de la laine déjà utilisée soit plus réussi :

θ→ Retricotez cette laine avec un autre brin provenant d'une pelote neuve.
– Choisissez une laine d'une couleur et d'une épaisseur différentes de la première.
Votre tricot prendra du relief et personne ne croira que vous l'avez fait avec une laine de récupération.

Tuyau d'arrosage

Ranger un tuyau d'arrosage pose toujours un problème. Il faut, en effet, que la solution adoptée permette à la fois de le maintenir enroulé et de le protéger des intempéries.

θ→ Si vous l'enroulez à l'intérieur d'un vieux pneu usagé, vous aurez réuni ces deux conditions.

Valise

Jeter quelques vêtements à la hâte dans une valise en croyant gagner du temps est un leurre car, à l'arrivée, le travail de repassage vous fera regretter votre précipitation. De plus, vous devrez vous charger d'un bagage supplé-

mentaire car toutes vos affaires ne tiendront pas dans une seule valise.
Autant de raisons pour suivre les conseils suivants :

θ› Placez dans le fond de la valise les objets lourds et, de préférence, du côté des charnières.

θ› Enveloppez les chaussures dans des sacs en tissu, en plastique ou, à défaut, dans du papier. Auparavant, bourrez-les de chaussettes.

θ› Fermez, boutonnez tous les vêtements et pliez les pantalons dans la largeur de la valise.

θ› Pour les vestes, pliez-les en mettant la doublure à l'endroit. Relevez cols et revers, cela évitera les faux plis.

θ› Si vous emportez des jupes plissées, à volants ou froncées, enfilez-les dans un bas usagé. Elles tiendront moins de place et, surtout, ne se chiffonneront pas. Ce qui vous évitera de les repasser en arrivant.

θ› Pour ne pas risquer de retrouver vos vêtements inopinément parfumés ou envahis de lait démaquillant, collez du ruban adhésif autour des bouchons des flacons que vous emportez.

Vases

Vous avez, chez vous, un très beau vase que vous regrettez vivement de ne pouvoir utiliser car il est poreux.

θ› Rendez-le imperméable en faisant fondre de la paraffine dans le fond et cela sur environ un centimètre d'épaisseur. Vous pourrez ainsi le remplir d'eau sans crainte et y disposer des fleurs.

Velours

Les fauteuils en velours sont accueillants et chaleureux mais ne sont pas d'un entretien facile.

ϑ Vous leur redonnerez leur fraîcheur en passant sur ces sièges une peau de chamois humide.
Rincez-la fréquemment et essuyez ensuite avec un chiffon sec.

Verre et verres

Le verre est présent partout et fait tellement partie intégrante de notre vie quotidienne que nous ne nous apercevons de sa présence que lorsqu'il nous réserve de mauvaises surprises.
La plus désagréable d'entre elles et la plus fréquente pour commencer :

Le bris de verre

Une bouteille, un verre ont été cassés et le sol est jonché de débris. Personne n'apprécie ce genre d'incident mais, avec un peu de méthode, le mal sera vite réparé :

ϑ Enlevez d'abord les gros morceaux en prenant garde de ne pas vous couper.
– Prenez ensuite un grand morceau de coton hydrophile que vous humectez légèrement d'eau. Servez-vous d'un balai pour utiliser ce coton comme une serpillière.
– Ramassez délicatement le morceau de coton et posez-le sur du papier journal afin de jeter le tout sans risque de coupures. La plus grande partie des éclats de verre aura ainsi été récupérée.
– Prenez ensuite de grandes feuilles de papier journal (préalablement humectées) et posez-les sur le sol de manière

à le recouvrir entièrement. Les morceaux de verre y adhéreront.
Avec beaucoup de prudence, rassemblez ces feuilles de papier journal et jetez-les.

Deux verres coincés

En débarrassant la table, vous avez mis deux verres l'un dans l'autre et vous ne pouvez plus les séparer. Ne forcez pas, vous risquez de les casser.

Remplissez d'eau froide le verre « intérieur » et trempez le verre « extérieur » dans de l'eau chaude. La chaleur dilatera ce dernier et vous pourrez donc, sans difficulté, récupérer vos deux verres, séparément, en bon état.

Boisson chaude

On ne peut verser une boisson chaude dans un verre sans prendre des précautions.

Le truc le plus connu consiste à mettre une petite cuillère dans le verre, puis à verser le liquide sur celle-ci.
En voici un autre :

Avant de remplir votre verre, mettez un sucre dedans et posez-le sur un linge humide.

Comment couper du verre

Si vous disposez d'un diamant et si vous savez vous en servir, pas de problème. Si ce n'est pas votre cas, prenez des ciseaux! Ce n'est pas une boutade, c'est un truc.

Prenez donc des ciseaux et remplissez d'eau une cuvette suffisamment grande pour que soient immergés à la fois le verre et les ciseaux. Plongez vos mains dans l'eau et coupez.
Vous êtes sceptique? Essayez! Mais à condition, bien sûr,

que le verre à couper ne soit pas trop épais. Le truc est essentiellement valable pour les découpes nécessitant des lignes courbes.

Comment percer du verre

Nous progressons dans la difficulté, puisque percer du verre est peut-être encore plus périlleux que de le couper. Deux méthodes pour y parvenir :

θ→ La plus classique consiste à chauffer au rouge un foret, à le plonger dans de la cire, puis à percer aussitôt le verre.

L'autre est beaucoup plus surprenante :

θ→ Préparez de l'ail et de la mie de pain.
– Encerclez l'endroit à percer avec cette mie de pain. Pilez l'ail dans un petit récipient et placez la bouillie obtenue au centre de la couronne formée par la mie de pain. Vous pourrez alors percer le verre car l'ail pilé a la propriété d'empêcher le verre de casser.
Cette opération, il faut le reconnaître, ne se déroule pas sans odeur, mais le résultat est surprenant.

Vis rouillée

La serrure d'un vieux meuble ne fonctionne plus et vous voulez la changer, mais les vis sont tellement rouillées que, malgré toute votre énergie, vous ne parvenez pas à les dévisser.
Ne forcez pas et expérimentez le truc suivant :

θ→ Chauffez fortement un vieux tournevis et maintenez-le en contact pendant quelques minutes avec la tête de la vis. Il chauffera celle-ci, ce qui aura pour effet de la dilater et de la dissocier de l'oxyde qui la maintenait bloquée.
REMARQUE : Vous n'aurez plus à faire face à ce genre de problème si vous prenez la précaution d'enduire de cire d'abeille les vis dont vous craignez qu'elles ne rouillent.

Index

Du même auteur
aux Éditions Albin Michel

LES NOUVELLES ASTUCES
DE MADAME TRUC
« Spécial cuisine »

PETIT DICTIONNAIRE DES TRUCS

ALMANACH DE MADAME TRUC
« Mille et une astuces pour tous les jours de l'année »

La composition
et l'impression de ce livre ont été effectuées
par l'imprimerie Aubin à Ligugé
pour les Éditions Albin Michel

AM

Achevé d'imprimer en juin 1986
N° d'édition 9420. N° d'impression L 21754
Dépôt légal, juin 1986

IMPRIMÉ EN FRANCE